Retrouvez nos prochaines parutions, les ouvrages du catalogue et les événements à ne pas rater sur notre site Internet. Vous pourrez également lire des extraits de tous nos livres, recevoir notre lettre d'information et acheter directement les livres qui vous intéressent, en papier et en numérique !

À bientôt sur www.editionsleduc.com

Découvrez également toujours plus d'astuces et de bons conseils malins sur : **www.quotidienmalin.com** et **www.facebook/QuotidienMalin**.

Maquette : PCA
Illustrations : Fotolia

17, rue du Regard
75006 Paris – France
E-mail : info@editionsleduc.com
ISBN : 978-2-84899-631-8

Quotidien Malin est une marque des éditions Leduc.s

LAURENCE DUPIN

DES VÊTEMENTS POUR LONGTEMPS C'EST MALIN

QUOTIDIEN MALIN
ÉDITIONS

Sommaire

Introduction.......................................7

Trier (donner, jeter, vendre, troquer, recycler… de l'air !) 11

SOS médecin (recoudre, suturer, réparer…)...43

Choyer (détacher, laver, sécher, repasser, rafraîchir) 69

Organiser (mon dressing toujours impec)... 159

Table des matières......................... 183

Introduction

Ne jamais saupoudrer de sel sur une tache de vin rouge ! Ou bien est-ce le contraire… toujours recouvrir une tache de vin rouge avec du sel et le plus vite possible ? Info ou intox, chacun y va de son astuce et nos vêtements en font les frais. Mais nous, on les aime, nos vêtements et on ne tient pas à les voir vieillir avant l'âge ! On les veut vaillants, pimpants, sans ourlet qui pendouille ni boutons baladeurs. On veut qu'ils sentent bon, qu'ils ne soient pas feutrés par des lavages à la sauvage, ni uniformément mauves à cause d'un passage en machine haute température ! Avouons-le, en même temps, on ne tient pas plus que ça à les repasser, ni à se transformer en lavandière entièrement dévouée à l'entretien de son linge… Ce qu'on voudrait, ce sont des modes d'emploi simples et ingénieux pour choyer nos vêtements sans perdre de temps.

Ce guide malin fourmille d'astuces tout droit sorties des cabas de nos grands-mères. De celles qui fonctionnent au moins depuis la nuit des temps et qui font appel à des produits naturels : un citron qui fait disparaître les auréoles de transpiration, un savon de Marseille à tout faire, y compris de la couture, un lait de toilette pour le cuir qui se prépare en cuisine, un antimites bio aux huiles essentielles… et bien d'autres secrets de longévité qui ne piétinent pas notre budget ni la planète. Des astuces futées viennent épauler ces recettes naturelles, avec des produits chocs comme la colle pour tissu ou les bandes thermocollantes qui vous font un ourlet en deux temps trois coups de fer. Mais aussi du dentifrice pour ressusciter des baskets, du fil dentaire pour recoudre les boutons et des techniques de cirage, de repassage, de séchage et de rangement qui vont vous changer la vie !

Un best of des taches et les meilleures solutions pour les évincer mettront définitivement fin à vos hésitations : une tache de vin rouge sur un tee-shirt ? Pas de sel, pas d'eau chaude ! Tache de fond de teint, de Coca, d'encre, de beurre, de rouge à lèvres… en un coup d'œil vous savez quoi faire pour réparer l'incident.

Pour profiter de tout ce beau linge, il faut un peu d'organisation. Comment aménager sa penderie pour tout trouver facilement ? Comment improviser des étagères, créer un distributeur de sous-vêtements, poser un rideau camouflage, apprendre à ranger sans froisser, stocker ses chaussures…

Et pour commencer ce grand coup de frais, opération détox : des bons plans et des bonnes adresses pour trier ses vêtements, les donner, les échanger, les vendre… de quoi faire de la place pour les prochains !

CHAPITRE I

Trier (donner, jeter, vendre, troquer, recycler... de l'air !)

Comment bien gérer ses vêtements quand le simple choix d'un tee-shirt est une expédition de spéléologie ? Deux solutions possibles : soit vous ne changez rien à votre « organisation » et prévoyez des fusées de détresse pour appeler les secours du fond de votre armoire, soit vous décidez de trier. Cela passera par des pincements de cœur (ce sweat Mickey acheté avec votre première paye de baby-sitting), des doutes (mais comment ai-je pu acheter ce pantalon mauve à soufflets orange ?), des remises en question (62 paires de chaussures, est-ce bien raisonnable)... Mais se terminera par un dressing impec, pratique, facile à ranger et débarrassé de son côté obscur (voir aussi chapitre « Organiser », p. 159).

Le crash-test

Chaque élément de votre garde-robe devra être soumis aux quatre questions qui suivent. Attention, il va falloir résister à la sensiblerie, à la pingrerie et à la complaisance ! Soyez dur avec vous-même, il en va de votre futur confort. Le verdict doit être sans appel (pas question d'aller fouiller les poubelles après coup) : à jeter, à donner (vendre, troquer) ou à garder, soyez ferme sur le devenir de vos vêtements.

1. Est-ce que je l'aime encore ?
2. Est-ce que je le porte encore ?
3. Est-ce qu'il correspond à l'image que j'ai envie de donner (est-ce que j'oserais encore le porter) ?
4. Est-ce qu'il gratte, pique, ou booste la transpiration ?

On ne va pas détailler toutes les combinaisons de réponses possibles, mais juste pour l'exemple, penchons-nous sur une réponse épineuse : questions 2 et 3 : réponses « Non ». Question 1 et 4 : « Oui »… Que faire quand on est sûr de ne plus jamais porter un vêtement mais qu'« on l'aime encore » ? Les propriétaires de grenier ou de cave s'encombreront sans doute encore quelque temps de ce « doudou », mais pas de ça chez nous, dehors !

Opération détox en 4 étapes (le tri…athlon)

1. **Videz entièrement l'armoire,** dépoussiérez les étagères, passez l'aspirateur au fond.
2. **Mettez de côté les vêtements qui s'imposent au rebut** (deux tas : l'un avec ceux qui peuvent faire des heureux tels quels ; l'autre tas avec ceux qui ont besoin d'un rafraîchissement au pressing, en machine et/ou au raccommodage).
3. Si vous êtes en manque de place, **triez les « hors saison »**, pliez-les et rangez-les dans des housses en plastique (le top : celles qui réduisent le volume des vêtements de 75 % en les mettant sous vide à l'aide de l'aspirateur. Leur devise : ranger, fermer, aspirer…). Avant de fermer, glissez-y un morceau de tissu imbibé d'une vingtaine de gouttes d'huile essentielle de lavande ou de cèdre (ou un mélange des deux) pour garder les mites à distance. Trouvez-leur une terre d'accueil (hauts de placards, tiroirs à glisser sous le lit, malle de déco et, pour les plus chanceux : grenier, cave, armoire de la chambre d'amis, dressing annexe…).
4. **Raccrochez les vêtements de saison dans la penderie** en les groupant par couleur, ceux que vous utilisez le plus souvent en tête. Les tee-shirts peuvent être rangés par genre : les manches courtes avec les manches courtes, les sans manches avec les débardeurs, etc.

Direction poubelle

Côté tri sélectif, tous les vêtements à jeter rejoindront la poubelle « ordinaire », c'est-à-dire les ordures ménagères non recyclables. Pour éviter d'alourdir les déchets, essayez de donner au maximum avant. Et n'allez pas penser qu'il serait honteux de faire don de ce vêtement défraîchi : la filière recyclage des tissus est riche de nombreux réseaux. Les vêtements donnés sont récupérés par des professionnels qui les dispatcheront ensuite selon leur état : don humanitaire, recyclage, commerce du vêtement d'occasion (voir rubrique « Recyclage », p. 33).

À jeter sans état d'âme :

- Les vêtements très usés (le tissu est clairsemé), en lambeaux ou avec de nombreux trous.
- Les vêtements portant des taches de peinture, de solvants.
- Les vêtements portant des taches de graisse, d'huile.
- Les cirés ou de type K-way en mauvais état.
- Les chaussures très abîmées.

Troc : le shopping gratuit (ou presque)

Qui l'eût cru : le plus vieux système de commerce au monde devient le plus branché du Web ! Les sites de troc se multiplient et tout le monde en profite : vêtements d'enfants de marque ou non permettant d'échanger ceux trop petits ou délaissés ; chaussures de folie contre chaussures de marche ; « échange collier en argent contre détecteur de métaux terre et mer »... Chacun trouve chez l'autre ce dont il a besoin et Internet met tout ce petit monde en relation… moyennant parfois des frais d'inscription et/ou une commission. Il faut aller voir les conditions de chacun des sites pour évaluer votre intérêt à déposer vos annonces ici plutôt que là : par exemple, confier les modèles neufs ou de marque à un site qui prend une commission mais vous assure des échanges de même « niveau » et opter pour un site entièrement gratuit pour des pièces moins « précieuses », mais où les prix sont très doux et les échanges rapides.

Comment ça marche ?

La plupart du temps, il faut déposer son annonce en remplissant une fiche et (facultatif mais indispensable) en joignant une photo du vêtement que l'on veut échanger contre un autre. Frais d'inscription, de mise en ligne, commission, crédits, bons… les sites ne suivent pas tous le même modèle, à consulter au cas par cas donc. L'échange se fait généralement par La Poste et des relais, selon un système très pratique d'enveloppes.

Quelques adresses où troquer malin

✓ www.too-short.com (Vêtements enfants branchouilles)

- ✓ Pretachanger.fr (Mode femme, homme, fille, garçon)
- ✓ www.gchangetout.com (Vêtements pour tous)
- ✓ www.france-troc.com (Vêtements pour tous)

Troc party : les derniers salons où l'on troque

La troc party, c'est le même principe que le troc sur Internet, avec un truc en plus : la rencontre ! La réunion est organisée par une troqueuse à son domicile et les participantes viennent avec leurs affaires. Des négociations, oui, mais pas question d'argent entre ces troqueuses : quand vous trouvez un vêtement qui vous plaît, vous discutez pour trouver contre quoi l'échanger. Apéro troc, Free troc party (tout le monde met ses vêtements en commun et tout le monde se sert), pasta troc party (autour d'un plat de pâtes), tea time troc (autour d'un thé), speedtroc-ing (sur le modèle du speed dating)… les idées fusent et on s'y amuse tout en débarrassant ses placards et en repartant avec des nouvelles fringues !

Quelques adresses où s'inviter à une troc party :

- ✓ Chacunsatribu.com
- ✓ Bon-plan-party.fr
- ✓ Troximity.com
- ✓ Myrecyclestuff.com

Vente : les bonnes adresses

Vide-greniers, dépôt-vente, marché de plein air, brocantes et Internet sont autant de cavernes d'Ali baba où vos trésors trouveront place, et sans doute preneur. Le choix se fera en fonction du temps que l'on veut consacrer à l'affaire ; le dépôt-vente est parfait pour les surbookés, tandis que les vide-greniers et brocantes demandent d'être sur place et d'aimer l'échange avec le client. La vente sur Internet est souple : quelques minutes ou une heure par semaine prises sur son temps libre sont suffisantes pour gérer cette activité.

Le vide-greniers

Ici, pas d'intermédiaire, la transaction se passe en direct avec le promeneur-acheteur : c'est votre force de conviction contre l'envie de l'autre de faire une bonne affaire ! L'investissement consiste essentiellement en une bonne dose de patience, même si, la plupart du temps, il faudra lâcher quelques euros pour réserver un emplacement.

Combien ça coûte ?

10 € le mètre linéaire au Domaine national de Chambord, 15 € les 3 mètres à Saint-Brévin-les-Bains, 30 € les 2 mètres dans le 3e arrondissement de Paris, 20 € l'emplacement à Suresnes avec table fournie… les prix gonflent avec la notoriété (supposée) du lieu. Mais ça n'est pas une règle : la moyenne parisienne se situe à 10 €/mètre et se fait plus douce ailleurs en France : de 3 à 7 €. Faites un habile calcul avant de vous lancer de façon à rentrer dans vos frais. **Le bon plan :** partager un emplacement. Non seulement vous adoucissez la note, mais cela vous fait de la compagnie et quelqu'un pour surveiller votre stand pendant les pauses-pipi.

Où ça se passe ?

Renseignez-vous à la source, ça vous permettra de mieux vous préparer : la mairie de votre commune ou de votre arrondissement, l'office de tourisme, la revue de votre quartier, consultez l'agenda du chineur, publié dans le magazine mensuel *Aladin* ou encore Internet et sa mine de sites dédiés : vide-grenier.org, brocabrac.fr, brocorama.com, etc.

Comment le réussir ?

Trois ingrédients sont incontournables pour réussir son vide-greniers : l'organisation (énormément), la patience (beaucoup) et la créativité (un peu).

Les bons outils :

- Un ou deux portants (selon la quantité de vêtements) : vous y suspendrez vos plus belles pièces.
- Deux ou trois bacs dans lesquels vous mettrez des pièces en vrac (tee-shirts, chemisiers d'un

côté ; jupes, robes d'un autre ; sweat-shirts, cardigans dans un autre, etc.).

- Une table ou des tréteaux et une planche ; une nappe ou un drap pour la recouvrir.
- Un siège (+ bâche et/ou parapluie selon la saison).
- Des étiquettes et un feutre pour afficher les prix (et pouvoir les modifier au cours de la journée) et les tailles des chaussures.
- Un porte-monnaie, petit sac, ou une « banane » avec de la monnaie pour faire l'appoint.
- Des sacs en plastique pour emballer la marchandise du client.

Les petites astuces :

- Installez un grillage derrière vous : de quoi suspendre vos deux (ou plus) belles pièces sur cintre pour attirer l'œil.
- Vous êtes l'heureux possesseur d'un valet (le support qui permet de suspendre ses vêtements pour la nuit sans qu'ils se froissent) ou d'un mannequin ? Composez une tenue sympa avec chapeau, chaussures, foulard… Dès que quelqu'un achète une pièce du valet, remplacez-la, c'est votre piège à clients.
- Cassez les prix des vêtements basiques : « Tout à 1 € », ou « 2 tee-shirts achetés, 1 tee-shirt offert », etc.

• Des petits sablés faits maison (ou roses des sables, cakes salés, gâteau au yaourt…) sont un appeau très efficace pour attirer le chaland. Vous les dégainerez aux moments les plus creux, car « y'en n'aura pas pour tout le monde ! ».

Le dépôt-vente

Le principe de base est simple : vous apportez les vêtements dont vous ne voulez plus dans une boutique de dépôt-vente, qui se charge de les stocker gratuitement et de leur trouver un acheteur. Lorsqu'un de vos biens est vendu, vous recevez la somme après déduction d'une commission pour service rendu (et autres frais) fixée à l'avance avec le revendeur. C'est là que ça se complique : certains commerçants ponctionnent jusqu'à 50 % du prix de vente, quand d'autres font en plus une sélection drastique sur les vêtements qu'ils acceptent de mettre en vente. C'est le commerçant qui décide, vu que c'est lui qui vend. Et il préférera sans aucun doute se charger de revendre votre petite veste Kooples plutôt que vos 22 tee-shirts un peu défraîchis. Bref, il est important que vous trouviez LE dépôt-vente qui vous va bien, selon vos critères : si vous comptez y avoir recours régulièrement, mieux vaut qu'il

soit à proximité de chez vous ; si c'est pour un seul dépôt, privilégiez celui qui rémunère le mieux, etc. Pour dénicher la meilleure adresse, direction Internet, où il vous suffira de faire une requête « dépôt-vente » pour afficher les coordonnées des boutiques adeptes. Trouver votre dépôt-vente en France sur le site des pages jaunes (activités : dépôt-vente vêtements).

Certaines boutiques de dépôt-vente fonctionnent aussi au « cash » : le prix de vos vêtements est estimé par le vendeur, qui vous paye directement en espèces. Par exemple sur le site www.lacaverne.com.

Dans tous les cas, il vous faudra présenter une pièce d'identité en cours de validité (carte nationale d'identité française, ou d'un État membre de l'Union européenne, passeport français ou d'un État membre de l'UE, permis de conduire français, carte de résident, carte de séjour).

La vente sur Internet

Laissez-vous contaminer par le mouvement éco-chic qui gagne Internet ! Fini, la consommation Kleenex (aussitôt utilisé, aussitôt jeté), fini le stockage de vêtements à peine portés, vive l'achat responsable et ciblé ! Aux enchères, pour une poignée d'euros ou même gratuitement grâce au troc, vous faites le vide dans vos placards et le plein de nouvelles tenues dans la foulée ! Et comme vous êtes très malin, vos vêtements sont bien entretenus, ce qui vous permet d'en tirer un bon prix.

eBay

Le plus grand cyberbazar de ventes aux enchères au monde se targue d'avoir vendu plus de 45 milliards d'objets depuis sa création en 1995. Le site est ouvert à tous, si vous êtes français, par exemple, vous pouvez participer aux enchères de tous les pays. Et la consultation des offres est libre : l'inscription à eBay.fr n'est obligatoire que si l'on veut acheter ou vendre. Pour s'inscrire, il faut saisir ses données persos, choisir un pseudo, un mot de passe et confirmer son adresse e-mail, c'est tout.

Comment vendre ?

Une fois inscrit, vous êtes un membre eBay et pouvez vendre un objet neuf ou d'occasion (la majorité des ventes se font en occasion). Ensuite, vous publiez une annonce, avec ou sans photo et arrêtez un prix de départ. Il existe une foule de ruses pour décrocher de bonnes affaires (et on se prend vite au jeu des enchères !), mais rassurez-vous, il est aussi possible de fixer un prix minimal de vente, dit prix de réserve. Si aucun enchérisseur n'atteint ce prix de réserve, personne ne remporte l'objet. Vous pouvez aussi proposer l'achat immédiat à un prix défini.

Combien ça coûte ?

Difficile de répondre à cette question, car le site applique constamment des promotions. Par exemple, lorsque l'on met un objet en vente, il y a des frais d'insertion à payer (par exemple : 1 € pour un objet à 25 €). Mais depuis janvier 2011, les frais d'insertion sont offerts aux vendeurs particuliers pour les mises en vente au format « Enchères » dans une catégorie jusqu'à la 75e vente ; après, ils redeviennent payants. Et d'octobre à Noël 2012, ce sont les ventes en « Achat immédiat » qui étaient exonérées. Pour faire court, l'acheteur ne paye pas de commission sur le prix final ni de frais d'insertion, tandis que le vendeur doit s'acquitter d'environ 9 % du prix final pour un objet à moins de 500 € et une somme fixe de 45 € pour les objets supérieurs à 500 €. Bonne nouvelle : aucune commission n'est facturée si l'objet ne se vend pas.

Le Bon Coin

Le petit site qui monte, qui monte est parti d'une idée toute simple : la bonne affaire est peut-être au coin de la rue, en bas de chez vous. Et des bonnes affaires, il y en a plein : plus de 22 millions d'annonces se bousculent sur leboncoin.fr ! Du fer à repasser à 5 € à la Ferrari 612 Scaglietti F1 à 85 000 €, le choix est large. Et bien sûr,

des vêtements comme s'il en pleuvait, à des prix mini mini, comme ce lot de 50 kg de pulls, tee-shirts, jupes, pantalons, etc. de femme vendu 200 € pour cause de perte de poids vertigineuse.

Combien ça coûte ?

Déposer une annonce sur le Bon Coin est gratuit, et si vous concluez une vente aucune commission ne vous sera ponctionnée ! Quelques options sont payantes, par exemple pour afficher son annonce sur la première page et être plus visible, mais on ne vous force pas la main.

Les sites de blogueuses mode

Un jour, des blogueuses mode ont eu envie de partager leurs coups de cœur dans la vraie vie et de profiter de ceux des autres. Partant du principe que l'important, pour une fashionista, est le renouvellement constant de sa garde-robe, elles ont monté des sites où s'affichent des tenues souvent de marques prestigieuses à des prix bradés. L'idée s'est répandue comme une traînée de poudre de riz et aujourd'hui, le Net est truffé de blogs plus glamour les uns que les autres proposant de se refaire un dressing à moindres frais.

Comment ça marche ?

Tous les blogs ne fonctionnent pas de la même façon : certains n'acceptent de mettre en vente que les marques haut de gamme. D'autres sont ouverts à toutes les marques même basiques, d'autres encore proposent en plus des vêtements et accessoires neufs de jeunes créatrices. La plupart du temps, la transaction est sécurisée : vos coordonnées restent anonymes et le site réceptionne le règlement puis le transmet au vendeur une fois que l'acheteur a reçu le vêtement. Et se rémunère via une commission sur le prix de vente, de l'ordre de 10 %. Attention, certains barèmes sont élevés, renseignez-vous bien pour éviter les déconvenues. Mais on n'est jamais à l'abri d'une bonne surprise : il existe aussi des vide-dressing « communautaires » qui ne prennent pas de commission !

Quelques adresses pour acheter et vendre malin

- ✓ www.trucs-et-troc-de-luxe.com : pas de commission fixe, elle varie selon l'état, la marque, le millésime et le produit lui-même. Elle est comprise dans le prix de vente affiché sur le site.
- ✓ www.dressingenligne.fr : pas de commission.
- ✓ www.ugotawish.com : là encore, zéro commission, ce vide-dressing chic (mais pas que,

il y a du Zara) se présente comme une plate-forme de « social shopping ».

✓ www.vestiairedecopines.com : ici, la commission est appliquée par tranches de prix : 15 € si le montant du vêtement est inférieur à 50 € ; 33 % TTC s'il coûte entre 51 et 100 € ; 27 % entre 101 et 550 € ; 24 % entre 551 et 1 000 € ; 22 % entre 1 001 et 1 550 € ; 18 % entre 1 551 et 2 000 € ; 15 % TTC entre 2 001 et 3 000 € et 13 % au-delà de 3 000 €. Isabel Marant, Maje, Ralph Lauren et aussi Zara… que du beau monde. Et un vrai service (articles contrôlés, possibilité de payer en 3 fois, frais de port gratuit…).

✓ www.videdressing.com : la commission chez videdressing.com s'élève à 10 % de la vente du vêtement (sac, chaussures, ceintures, lunettes de soleil…), et elle n'est jamais inférieure à 1 €.

Don : où ? Quand ? Quoi et à qui ?

Avant de régler ces questions, il faut vous faciliter la tâche. À force d'attendre de trouver l'énergie et le temps de faire un tri géant, vous entassez dans vos armoires et dans votre tête! Un petit tri progressif allégerait le décor et la culpabilité. Accrochez un « sakadon » dans la penderie: autrement dit, un sac (corbeille, panier, sac de plage, de shopping…) qui accueillera les affaires à donner. Ce tee-shirt délavé que vous tentez en vain de remettre dans le circuit pour la 6e fois n'est-il pas mûr pour le « sakadon » ? Vous l'aimez encore? La séparation sera moins douloureuse si le tee-shirt en désamour passe par ce sas. Et s'il vous manque vraiment trop, un retour en arrière reste possible. Quand le « sakadon » est plein, c'est le moment de passer à l'action.

Déposer dans des conteneurs

Le Relais (membre d'Emmaüs France et de l'Inter Réseaux de la Fibre Solidaire, IRFS) met 13 000 conteneurs à disposition en France. Au cœur des villes, en périphérie, sur les parkings des magasins ou des immeubles, dans les déchetteries… impossible de ne pas en avoir un près de chez soi! Vêtements et chaussures sont les bienvenus, à condition qu'ils soient propres, secs et en bon état. Il est recommandé d'empaqueter les vêtements dans des sacs-poubelle (de 50 litres maxi pour faciliter leur introduction dans le conteneur) afin de les protéger, et d'attacher les chaussures par paires. Un bel avenir les attend : une fois triés selon leur état, on leur donnera une seconde chance, soit pour être vendus à petits prix dans les boutiques Ding Fring du Relais, soit en les transformant en matériau isolant pour la construction. Le conteneur le plus proche de chez vous ? Rendez-vous sur le site Internet : www.lerelais.org

Donner en direct à des particuliers

Plusieurs sites Internet facilitent le don entre particuliers. Ici, vous êtes assuré qu'il n'y a pas de commerce caché (sauf en cas de donneur indélicat qui réclame une contrepartie sur le vif) : vous déposez votre annonce gratuitement, avec ou sans photo (ça part plus vite avec photo, bien sûr). Si vous ne tenez pas à révéler vos coordonnées, la personne intéressée par votre don le fait savoir via le site, qui vous transfère le contact : vous décidez alors de donner suite à la transaction par téléphone ou par mail, à votre convenance. Attention, il ne

s'agit pas de troc ! Nous vous indiquons d'autres adresses p. 16 pour ce type de transactions : www.recupe.net ; Donnons.org…

Donner à des associations

- **Emmaüs :** le mouvement fondé par le célèbre abbé Pierre regroupe des associations de solidarité présentes dans 36 pays. Bien que fondé par un catholique (et ex-député), le mouvement se targue d'une neutralité religieuse (et politique) ouverte à tous. Emmaüs le plus proche de chez vous : www.emmaus-france.org
- **Le Secours Populaire :** cette association à but non lucratif déclarée Grande cause nationale lutte contre l'exclusion et la pauvreté depuis 1945. Une antenne près de chez vous : www.secourspopulaire.fr
- **La Croix-Rouge :** les Vestiboutiques de la Croix-Rouge française mettent les vêtements récupérés à disposition des plus démunis, gratuitement ou pour une somme minime. Attention, l'association humanitaire reçoit près de 3 tonnes de vêtements chaque semaine et en jette la moitié pour cause d'« état indigne ». Une Vestiboutique au coin de votre rue : www.croix-rouge.fr

Recyclage : donnez-leur une seconde chance

Les pros de la récup

Le Relais, Emmaüs, Le Secours Populaire, La Croix-Rouge…, tous les organismes où l'on peut faire don de ses vêtements se chargent de les trier et de leur faire vivre une deuxième vie. Et pas seulement pour habiller les plus démunis. L'éco-organisme Eco TLC (pour Textile, Linge, Chaussures), par exemple, fait des merveilles : création d'emplois durables pour le tri et la revalorisation des vêtements, transformation en chiffons pour l'essuyage industriel, ou en isolants thermiques et acoustiques pour habiller nos maisons. La Fondation Macif ajoute une filière « fashion » qui met du glamour dans le recyclage. Depuis 2009, elle soutient le réseau Tissons la Solidarité, qui a développé une griffe haute couture à partir de vêtements de récupération : deux collections annuelles défilent, comme chez les grands ! Tout ça un peu grâce à vous, quand vous déposez vos frusques et chaussures démodées, trop petites ou trop vues dans les conteneurs, boutiques et/ou en répondant présent aux collectes exceptionnelles.

Des solutions maison

Sauve qui pull !

Regroupez vos pulls démodés, défraîchis, troués aux manches, etc., puis découpez dedans des carrés de la même taille. Cousez-les ensemble à gros points (mais bien rapprochés pour éviter que ça s'effiloche) avec de la laine. Profitez-en pour jouer avec les couleurs : par exemple, un fil de laine argenté donne un côté décalé rigolo. Petit plaid deviendra grand si vous ajoutez des carrés régulièrement.

Transformer une robe

L'hiver se profile et cette robette à strass qui a illuminé votre été va connaître l'exil des vêtements de saison. À moins que… vous ne la transformiez en tunique ! Portée avec des leggins, sur un jean ou une jupe crayon façon Victoria Beckham, elle fera son effet. Si vous possédez une autre tunique qui a la bonne longueur, utilisez-la comme modèle, vous serez dispensée de la séance d'essayage pour marquer l'ourlet à réaliser : étalez la robe à raccourcir bien à plat, puis placez par-dessus la

tunique modèle. Ajoutez 2 cm (pour l'ourlet) à la longueur de la tunique modèle et reportez ces 2 cm sur tout le tour de la robe avec une craie (et à l'aide d'une règle). Suivez ensuite les indications à partir de l'étape 3. Si vous n'avez pas d'exemple, suivez le guide depuis l'étape 1.

1. Enfilez la robe face à un miroir. Placez une épingle à l'horizontale sur le devant de la robe pour marquer la longueur de la future tunique (attention de ne pas fausser les mesures en vous penchant). Faites la même chose derrière. Enlevez la robe délicatement et posez-la bien à plat.
2. L'épingle montre la longueur qu'aura la tunique, mais il faut prévoir un peu plus de longueur pour l'ourlet. Avec une règle, comptez 2 cm sous l'épingle, tracez un repère à la craie. Les plus téméraires poursuivront ce trait horizontal à la craie, main levée, sur la largeur de la robe, recto verso, les autres mesureront la hauteur du haut de la robe jusqu'au repère et reporteront cette mesure tout autour de la robe.
3. Pas de regrets ? On coupe ! Le long du trait à la craie et une seule épaisseur à la fois !
4. Mettez la tunique sur l'envers. À 2 cm du bas, rabattez le tissu pour former l'ourlet

et maintenez-le avec des épingles piquées à l'horizontale : 2 devant, 2 derrière.

5 On va passer à l'ourlet lui-même. Deux solutions : utiliser du ruban thermocollant qui, d'un coup de fer à repasser, va fixer les deux tissus ; ou coudre. Dans les deux cas, branchez le fer à repasser et marquez le pli en évitant de passer sur les épingles. Ôtez les épingles. Solution n° 1 : découpez une bande de ruban colle d'1 cm de large et d'une longueur équivalente à la largeur de la tunique. Glissez le ruban colle dans l'ourlet, collez au fer. Tourner la tunique et procédez à la même manip pour l'autre côté. Retourner la tunique sur l'endroit et passez à l'essayage ! Solution n° 2 : allô maman ?

Teindre

C'est une excellente façon de réveiller sa garde-robe pour une poignée d'euros ! Un bête pantacourt blanc qui a fait son temps ? Version soft : hop, un bain de racine de curcuma lui donnera sa chaude couleur or mat pour parader au printemps comme en été ! Version prête à l'emploi : les teintures du commerce sont au point. Attention, l'exercice a ses limites, suivez le guide.

Zoom sur l'étiquette.

Privés de teinture maison : angora, mohair, cachemire, 100 % polyester, 100 % acrylique, 100 % acétate, mélanges de laine et d'acrylique ou de polyester, tissus imperméabilisés, matelassés, en Goretex, microfibres, polaires, nylon et d'une façon générale, tous les tissus à nettoyer à sec.

Bon pour la teinture maison : coton, fil, lin, soie, ces fibres naturelles, et en premier le coton, réagissent bien au traitement. Vérifiez tout de même que les fils de couture ne sont pas en fibre synthétique (polyester, polyamide), la teinture ne prendrait pas sur eux…

Action !

Teinture prête à l'emploi : aujourd'hui, c'est un jeu d'enfants, les produits sont au point et les modes d'emploi limpides. Inutile d'avoir peur pour votre machine à laver : s'il arrive qu'il reste un peu de coloration sur les joints en caoutchouc, tout disparaît au bout de quelques lavages sans jamais déteindre sur le linge.

Teinture naturelle, mode d'emploi : jusqu'au XXe siècle et ses prouesses chimiques, on s'en remettait aux plantes pour teindre les tissus. Et c'est tout un art : mordançage pour préparer les fibres, cueillette des plantes tinctoriales sauvages ou cultivées autour de la maison, tri des racines, fleurs, feuilles, selon la partie de la plante qui colore, préparation des bains… Avant de vous lancer dans le gros œuvre, avec des couleurs franches, il est donc fortement conseillé de consulter un expert (herboristerie, ouvrages spécialisés…). Mais rien ne vous empêche de faire vos gammes avec des plantes toutes simples : choisissez l'effet recherché dans l'encadré ci-contre, puis suivez ce mode d'emploi.

Dans un récipient assez grand pour loger le vêtement à teindre, versez de l'eau froide et 100 g de la plante choisie par litre d'eau. Pour éviter de retrouver des bouts de racines un peu partout, enfermez les fleurs (feuilles, racines, écorce, etc.) dans un petit sac en tissu (ou mousseline) avant de les jeter dans l'eau. Plongez le vêtement à teindre dans l'eau et faites chauffer doucement jusqu'à ébullition pendant environ 1 heure. Touillez à plusieurs reprises pour que les fibres profitent bien. Sortez le vêtement, rincez-le dans une eau tiède vinaigrée (1 à 2 cuillères à soupe de vinaigre blanc) ou citronnée (le jus de 2 citrons). Si vous trouvez votre œuvre un peu pâlotte, remettez le vêtement à tremper toute la nuit dans la mixture refroidie. Vous rincerez alors à nouveau avec de l'eau vinaigrée pour fixer la teinte.

Couleurs naturelles : merci les plantes !

Atelier travaux pratiques pour débutants : choisissez la teinte que vous désirez, puis filez en cuisine et suivez le mode d'emploi page ci-contre.

Écru : anglais, noir, parfumé au jasmin... le thé donne une teinte écrue claire et naturelle (parfait pour « casser » un vêtement blanc sans âme).

Jaune safran : procurez-vous du... curcuma ! Bien moins cher que le safran et tout aussi efficace. C'est le rhizome qui est utilisé en teinture : les épiceries asiatiques le vendent en gros sachet, en poudre, comme on le connaît pour la cuisine.

Rose : la racine de la garance donne une teinte rose ancien sur du coton (et elle fait rougir la soie et la laine).

Sepia : pour donner une jolie couleur de lavis, par exemple à un jupon de coton blanc chiné, adressez-vous... aux oignons. Vous utiliserez les pelures, et laisserez le vêtement baigner d'autant plus que vous désirez une couleur tirant sur le brun.

Réveiller et redonner des couleurs

- **Bleu** : pour 1 litre d'eau, versez 3 cuillères à soupe d'ammoniaque. Faites tremper le vêtement une vingtaine de minutes, puis rincez à l'eau claire. Tous les bleus sont ravivés par ce bain.

- **Blanc :** décoction de thé pour obtenir un joli sépia à l'ancienne, décoction de tilleul pour un doux vert d'eau, ou de chicorée pour un miel auburn… encore une fois, les plantes viennent à la rescousse pour donner des couleurs douces à un blanc « défraîchi » (voir « Teinture naturelle, mode d'emploi » p. 37).
- **Rouge :** il reprend son éclat après un bain citronné (4 cuillères à soupe de jus de citron pour 2 litres d'eau).

Transformer un sweat

Vous adorez ce sweat, sa couleur, son moelleux, mais il a la fâcheuse habitude de dresser vos cheveux sur votre tête quand vous l'enlevez : pas glamour. Un coup de ciseaux pour ouvrir le devant sur toute la hauteur comme un cardigan, un morceau de bande thermocollante (voir explication p. 49) pour ourler chaque pan et vous voilà l'heureuse propriétaire d'un sweat glamour ouvert sur le devant. Trop facile ? Ajoutez des boutons décoratifs sur les bords.

En sursis

Il y a des pièces uniques dont il est politiquement incorrect de se débarrasser et hérétique de transformer ! On pense évidemment à votre robe de mariée, mais pas que. Ce pantalon pattes d'éléphant à soufflets mauve psychédéliques qui avait englouti la moitié de votre tirelire mérite de poursuivre votre route. Tout comme le premier maillot de basket de votre Ptibout taille naissance… Oui, mais comment les garder près de soi quand les placards font déjà une indigestion avec les vêtements de tous les jours ? La robe de mariée peut devenir objet de déco : enfilée sur un mannequin couture (on en trouve à moins de 80 €) judicieusement placé (dans un couloir, une chambre d'amis…), elle prend peu de place. Tout se mérite, il faudra prévoir un peu d'entretien pour faire rêver les générations à venir. Avant de l'installer, un petit passage au pressing débarrassera votre robe des taches et odeurs éventuelles. Attention ! si elle comporte des baleines et/ou parties en acier (œillets par exemple), mieux vaut la confier à un pro spécialisé ou vous en

charger vous-même : dans ce dernier cas, vous traiterez les taches une par une avec du savon de Marseille appliqué sur un tissu propre, puis rincerez à l'eau claire, toujours via un tissu à part. Question odeurs, préparez un mélange vodka/eau (moitié/moitié) dans un flacon à pompe propre et vaporisez directement le mélange sur la robe (mais pas tout contre) : l'alcool va assainir tout ça. Une fois que la robe est propre et sèche, armez-vous d'un spray de laque pour cheveux et vaporisez la robe largement et sur toutes les faces : cette pellicule protectrice évitera à la poussière de se fixer. Ce qui ne vous dispense pas d'un petit coup de plumeau régulier. Même principe pour le maillot de basket taille naissance (ou la première grenouillère, robe de baptême, etc.) : exposez-le dans un cadre-tableau. Concernant le pantalon pattes d'éph à soufflets, c'est plus « touchy »… pas question d'exhiber vos… mauvais goûts : profitez-en pour créer une boîte à déguisements (dans un panier déco, un petit banc avec rangement incorporé, un tiroir sous le lit, une housse sous vide…). Qui sera la reine (ou le roi) de la fête, à la prochaine soirée « hippie » ?

CHAPITRE 2

SOS médecin (recoudre, suturer, réparer...)

Nos chers vêtements demandent de petites interventions chirurgicales pour continuer vaillamment la route à nos côtés. Laissons le double pontage coronarien aux couturières confirmées, et concentrons-nous sur des astuces qui font gagner du temps sans demander trop d'expertise en matière de couture. À propos d'expertise, prêtez-vous à ce quiz pour faire le point sur votre niveau : êtes-vous pointu ou émoussé ?

Quiz couture : êtes-vous pointu ou émoussé ?

1. **Qu'appelle-t-on une jeannette ?**
   - Dans le jargon de l'artisanat de la couture, une jeannette est une « petite main », c'est-à-dire le grade le plus bas dans la hiérarchie d'un atelier de couture professionnel.
   - Rien à voir avec la couture, c'est un ustensile de cuisine composé d'un manche rigide et d'une partie rectangulaire souple qui remplace la cuillère en bois.
   - Une petite planche étroite, montée sur un pied et recouverte d'un molleton. Elle s'utilise pour repasser des manches, des jambes de pantalon ou des ouvrages délicats.

2. **Comment s'appelle la forme en papier qui sert de modèle pour tailler un vêtement ?**
   - Un patron
   - Un loufiat
   - Un gabarit
3. **Comment s'appelle le trou d'une aiguille à coudre ?**
   - Le chas
   - La sourit
   - Le talon

4. **Qu'est-ce qu'un bâti ?**
   - Une technique de broderie provençale qui consiste à « matelasser » un ouvrage, c'est-à-dire à ajouter une couche de bourre entre deux tissus pour donner du relief.
   - Des points qui servent de fondations à l'ouvrage. Le bâti ne se découd jamais, c'est lui qui « tient » l'ouvrage.
   - Des points cousus grossièrement pour assembler vite fait des tissus. Le bâti se découd et s'enlève sans peine.

5. **Un tissu est constitué de fils verticaux et horizontaux : comment s'appellent ceux qui sont perpendiculaires à la lisière ?**
   - La trame
   - Le bus
   - La bande
6. **Comment s'appelle le galon en forme de vagues qui permet de décorer un vêtement ?**
   - La vaguelette
   - Le diabolo
   - Le croquet
7. **Qu'appelle-t-on des smocks ?**
   - Les galons de satin ou de soie qui courent le long d'un pantalon de smoking.

- Des broderies réalisées sur des fronces pour décorer un vêtement.
- Des pantalons cigarettes.

8. **Qu'est-ce qu'une pattemouille ?**
- Un tampon encreur en forme de patte de chat. Il suffit de le mouiller, puis de l'appliquer sur un tissu pour dupliquer le motif des traces de patte.
- Un morceau de tissu mouillé que l'on place entre le fer et le vêtement à repasser, ce qui évite de brûler ou de marquer les tissus fragiles.
- Une pâte visqueuse à base d'eau de riz qui amidonne le linge et lui donne une meilleure tenue au repassage.

Réponses

Q1 : Une petite planche étroite, montée sur un pied et recouverte d'un molleton. La réponse correspond à un autre prénom : une maryse.

Q2 : Un patron.

Q3 : Le chas.

Q4 : Des points cousus grossièrement pour assembler vite fait des tissus. Le bâti se découd et s'enlève sans peine. La proposition fait référence au boutis (et non bâti), cette technique de broderie provençale qui permet de réaliser de magnifiques dessus-de-lit, par exemple.

Q5 : La trame du tissu.

Q6 : Le croquet (un incontournable ami des loisirs créatifs).

Q7 : Des broderies réalisées sur des fronces pour décorer un vêtement. Le nom de cette technique de couture, smocks, est le mot anglais qui signifie la même chose : froncer un tissu en le rebrodant.

Q8 : Un morceau de tissu mouillé que l'on place entre le fer et le vêtement à repasser, ce qui évite de brûler ou de marquer les tissus fragiles. Le mot viendrait de « patte : un chiffon, ou torchon ». Et mouille, puisqu'on humidifie le tissu, en coton de préférence, avant de l'utiliser comme rempart entre le fer et la pièce à repasser.

Votre score

Vous avez coché un maximum de ✂

On ne va pas tourner autour du pot : vous êtes nul en couture, mais toujours prêt à rigoler, c'est déjà ça !

Vous avez coché un maximum de

Vous avez de bonnes notions, ou une très bonne logique. Mais pour décrocher la ceinture noire de couture, il va falloir réviser le glossaire.

Vous avez coché un maximum de

Bravo ! Vous avez d'autant plus de mérite que les termes choisis ne sont pas les plus simples du vocabulaire de couture. Avec un peu de pratique, vous atteindrez le niveau 2.0 !

Le matériel

Aiguille

Bouclier

En principe, on utilise un dé pour ne pas terminer ses travaux de couture avec l'index en steak haché. Si vous n'en avez pas, passez une bonne couche de vernis à ongles incolore sur votre doigt.

Enfiler

Même avec une bonne vue, il n'est pas toujours évident d'enfiler le fil dans le chas de l'aiguille. Si c'est du fil noir ou foncé, placez-vous au-dessus d'une surface blanche (feuille de papier, tissu...) ; s'il s'agit de fil blanc ou clair, choisissez un fond sombre ou foncé : le contraste permet de mieux viser.

Stocker

Placez un morceau de savon sur un carré de tissu, remontez les bords et fermez-les avec un ruban ou du bolduc. Plantez vos aiguilles dans le savon, à travers le tissu. Non seulement vous saurez toujours où trouver vos aiguilles en cas de besoin, mais en plus, lubrifiées par le savon, elles glisseront sans effort pendant les travaux de raccommodage.

Bandes thermocollantes

Ce matériau magique a révolutionné la vie des pas doués de la couture. Plus ou moins large, spéciale jean, tissu léger, coudes, genoux... la bande thermocollante se plie à toutes les situations.

Ourlet de pantalon

Le mode d'emploi sur l'emballage est explicite. Il faut couper un morceau de bande de la longueur de l'ourlet, l'apposer d'un côté du tissu, rabattre le pli et repasser le tout au fer très chaud pour obtenir un fini impeccable en deux temps trois mouvements. Soumis à plusieurs lavages hebdomadaires, le procédé ne sera pas éternel, mais il suffira alors de recommencer pour en profiter encore longtemps.

Coude ou genou

Donnez quelques petits coups de ciseaux très légers autour de la pièce thermocollante pour en denteler le pourtour : quand vous passerez le fer, elle collera mieux et ne « rebiquera » pas.

Décoller une vieille pièce thermocollante

Ne tirez pas à froid comme un sauvage, mais repassez-la au fer bien chaud avant de la décoller.

Boîtes à couture

Quand on commence à se laisser prendre au jeu de la couture, on a vite fait de collectionner les boutons multicolores et multiformes. Puis on amasse les rubans, les aiguilles de toutes tailles, les épingles… bref, un tas de petites choses qu'on aimerait bien retrouver au moment de passer aux travaux pratiques. Opération récup, par ici les boîtes de thé : celles en métal, qui abritent le thé en vrac, protégeront les rubans de la poussière ; les boîtes à bonbons feront de jolies boîtes à boutons. Ultime, les boîtes de piques en bois, pour l'apéritif, avec bouchon distributeur continueront leur travail, mais en distribuant… des aiguilles !

Ciseaux (af)fûtés

Idéalement, vous avez des ciseaux « spécial couture », qui ne vous servent pas à couper la pizza, ni son emballage pour qu'il prenne moins de place dans la poubelle… Bref, vos ciseaux se sont émoussés et ils hachent plus qu'ils ne coupent. Procurez-vous du papier de verre (toile émeri) très fin et coupez-le avec vos ciseaux : le grain du papier va aiguiser les lames et lui redonner du mordant.

Colle magique

Encore un bon représentant du matos malin pour entretenir ses vêtements ! La colle pour tissu, en tube ou en aérosol, ne demande que

10 à 20 minutes pour prendre. Elle résiste au lavage en machine jusqu'à 60 °C.

Enfile-aiguille mécanique

Le modèle basique se présente sous la forme d'une simple languette en métal souple : son mode d'emploi n'est pas évident au premier abord, mais il facilite tellement le passage du fil dans le chas de l'aiguille, que cela vaut la peine d'essayer. Le modèle « high-tech » ressemble à une mini-usine en plastique : on rentre l'aiguille dans une cheminée, on place le fil dans une petite rigole, et il n'y a plus qu'à appuyer sur un bitoniau pour que le fil soit poussé dans le chas de l'aiguille.

Fil

Dompté

Quand on tombe sur un fil retors, qui refuse de rentrer facilement dans le chas de l'aiguille, on connaît le truc à faire : on suçote l'extrémité qui, agglomérée par la salive, pénètre toute droite sans rechigner. Mais parfois, ça ne marche pas ! Le fil a décidé de s'ébouriffer et vous perdez votre temps en même temps que vos nerfs… Dévissez le bouchon d'un flacon de vernis à ongles incolore et passez le bout du fil rebelle dans les poils du pinceau. Pincez le bout de fil enduit de vernis pour le lisser, attendez 2 secondes que ça sèche : le fil est rigide et passe dans le chas de l'aiguille, droit comme un « i ».

Sans nœuds

Comme si ça n'était pas suffisamment compliqué comme ça, parfois, tandis qu'on recoud un bouton, le fil prend un malin plaisir à faire des nœuds sur lui-même. Pour lui ôter cette vilaine habitude, passez un morceau de savon sec tout le long du fil.

Réparer de A à Z

Accroc

Sans fil

Un clou qui dépasse d'une chaise et... c'est le drame ! Sur **un tissu naturel – du lin, du fil, du coton, de la soie...** –, une astuce de grand-mère vient à la rescousse pour réparer sans avoir à coudre ! Mettez le vêtement sur l'envers, rapprochez bien les deux bords du tissu formant l'accroc. Cassez un œuf, séparez le jaune du blanc, puis badigeonnez les deux bords avec du blanc d'œuf. Posez un tissu sec sur le tout (de préférence de la couleur du vêtement), puis passez un coup de fer très chaud. Rien à craindre pour le vêtement, protégé par le tissu et, au bout du compte, une réparation presque invisible. S'il s'agit d'un vêtement qui doit être lavé très souvent, ou **en tissu synthétique – polyester, polyamide, acrylique élasthanne…** –, mieux vaut faire appel à la bande thermocollante, plus définitive.

Avec fil

Si l'accroc n'est pas énorme et placé dans une zone pas trop exposée, lancez-vous ! Choisissez une aiguille adaptée à l'épaisseur du tissu (on ne répare pas une dentelle de Calais avec une dent de couguar percée !). Plutôt que d'utiliser un morceau de fil lambda, tirez des fils dans l'ourlet du vêtement ou des coutures (aux emmanchures, il y en a souvent) : vous les enfilez dans l'ai-

guille et recousez l'accroc avec, en tout petits points. Ton sur ton, la réparation va se fondre dans le tissu.

Bouloches (cheveux et autres poils d'animaux) : on rase gratis

C'est au moment de partir qu'on s'en rend compte : cette petite veste ressortie spécialement pour un entretien d'embauche est couverte de bouloches. Mistigri semble aussi l'avoir appréciée, et y a laissé la moitié de sa fourrure en signe d'approbation. Si vous êtes bien organisée, vous devez posséder un rasoir électrique spécial peluches... Oui, ça existe, on en trouve sur Internet et ça coûte une dizaine d'euros ! Non ? Alors cherchez un rasoir jetable et, après avoir bien étalé la veste sur une surface dure, passez le rasoir sur le tissu, main légère. Pas de rasoir jetable non plus ? Vous allez devoir les couper aux ciseaux, en prenant garde de ne pas attaquer le tissu.

Une fois ce débroussaillage fait, restent les poils de Mistigri. On connaît les rouleaux collants, parfaits et bon marché. Mais du ruban adhésif fera un aussi bon travail. Celui qu'on utilise pour fermer les cartons de déménagement a la largeur rêvée : tirez l'extrémité de l'adhésif et enroulez-le autour de votre main, surface collante à l'extérieur, sans serrer. Faites 2 ou 3 tours, puis coupez le ruban. Vous voilà donc avec une moufle en adhésif. Il ne vous reste plus qu'à tamponner votre veste et les vêtements que vous portez avec cette main collante pour les débarrasser de tous les fils, cheveux, poils, etc. qui ne font pas net.

Bouton à recoudre sur tissu épais

Allumette

En général, on recoud son bouton en bataillant un peu à cause de l'épaisseur du tissu, mais sans problème. Et puis, quand il faut le boutonner… impossible de le glisser dans la boutonnière ! En voulant faire solide, on a trop serré les fils et l'épaisseur du tissu coince. Les couturières avisées savent comment laisser quelques millimètres entre le bouton et le tissu pour ne pas trop serrer les fils et que le tissu tombe bien. Nous, nous aurons recours à cette astuce, qui permet de coudre sans vérifier à tout moment que le fil n'est pas trop tendu. Posez une allumette sur le bouton, puis recousez le bouton et l'allumette avec. À la fin, faites glisser l'allumette pour la retirer et faites plusieurs tours de fil sous le bouton pour le consolider.

Élastique

Autre méthode pour ménager à la fois le vêtement et vos nerfs : au lieu d'utiliser du fil classique, recousez le bouton avec du fil élastique. C'est un peu plus compliqué pendant l'opération de réparation, mais parfait à l'usage : quelle que soit l'épaisseur du tissu, la boutonnière se loge et le tissu tombe sans plis.

Bouton baladeur

Fil dentaire

C'est la troisième fois que vous recousez ce bouton, mais celle-là sera la bonne ! Remplacez le fil habituel par du fil dentaire : à la fois souple et bien plus solide, aucun risque qu'il ne casse, même si le bouton est très sollicité ! Parfait pour les manteaux, pantalons, vestes, à condition que le fil blanc ne jure pas avec le tissu du vêtement.

Vernis

Mieux vaut prévenir que guérir : dès le premier jour, passez une fine couche de vernis à ongles incolore sur les fils qui ont servi à coudre les boutons, côté envers, bien sûr. Ils seront plus résistants.

Bouton-pression

Super-pratiques, les pressions ! Ça vaut même la peine, sur certains chemisiers, d'en coudre à la place des boutons. C'est très simple à coudre, à condition de fixer les deux parties exactement en face l'une de l'autre. Si la partie mâle (qui va s'enclencher dans la partie femelle en face) n'est pas ajustée avec précision, le tissu va faire des plis... Commencez par coudre la partie mâle de la pression (pas trop près du bord). Ensuite, frottez-la avec un morceau de craie. Le vêtement bien à plat, venez rabattre la partie où les pressions femelles devront être cousues. La craie laisse une marque sur l'autre partie du vêtement : c'est exactement là qu'il faut coudre la pression femelle !

Bouton sans pression

Pas vraiment couturière dans l'âme ? Le minimum syndical est d'arriver à changer un bouton ! Deux conseils précieux pour la paix des boutons : 1) **pour le découdre sans entailler le vêtement,** intercalez entre le bouton et le tissu les dents d'une fourchette, coupez aux ciseaux entre les dents et le bouton. 2) une fois votre bouton cousu, **consolidez le fil** avec une petite goutte de vernis incolore.

Bouton rond de cuir

Recoudre un bouton d'une veste en cuir, c'est toujours recoudre un bouton, direz-vous. Vous avez raison, la méthode est la même, en veillant à utiliser un dé pour pousser l'aiguille dans l'épaisseur du cuir sans se percer le doigt. Mais voici un petit truc en plus qui va consolider votre œuvre et, surtout, protéger le cuir des fils, qui finissent par l'entailler et abîmer le vêtement.

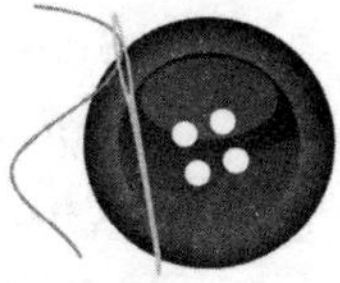

Dans un vieux portefeuille (cartable, pochette, ourlet de vêtement, etc.) en cuir, découpez une rondelle deux fois plus grande que le bouton. Au moment de recoudre le bouton, placez la rondelle à l'intérieur de la veste, au niveau du bouton, puis cousez les deux en même temps.

Boutonnière : la juste taille

Attention, si vous faites, ou réparez, une boutonnière : elle doit être plus grande que le bouton prévu ! C'est tout bête, mais si vous ne ménagez pas 3 à 5 mm de plus que la largeur du bouton, ça ne passera pas.

Cordon évadé

Classique, mais toujours énervant : votre plus beau sweat est défiguré : le cordon servant à fermer la capuche est sorti de son « tunnel ». Impossible de le « renfiler » : trop mou, le cordon fait des paquets et ne progresse pas dans le fameux « tunnel » ! Enlevez totalement le cordon. Prenez une épingle à nourrice, piquez-la dans une extrémité du cordon, puis refermez la sûreté de l'épingle. Faites un nœud à l'autre extrémité du cordon, pour qu'il se bloque. Enfilez l'épingle et son petit train de cordon dans le « tunnel » de la capuche et faites-les progresser en les manipulant à travers le tissu, jusqu'à ce que l'épingle et le cordon épinglé apparaissent à l'autre extrémité du tunnel.

Couper droit

Certains tissus ne sont pas très coopératifs : c'est le cas du Nylon, du lin, du Tergal... Ils fuient sous les ciseaux, glissent, et il est difficile de couper droit. Pour faire un ourlet, par exemple, et qu'il est nécessaire de couper le tissu, trop long : au lieu de devoir marquer au crayon le trait parfait (qui va vous prendre une bonne demi-heure et en prime, vous prendre la tête), tirez deux ou trois fils à l'endroit où vous devez couper. Tirer des fils ? Késaco ? Plantez une épingle dans le tissu et tout en la remontant vers vous accrochez un fil et tirez jusqu'à ce qu'il casse. Saisissez le bout du fil cassé et tirez-le sur toute la longueur (largeur, en l'occurrence) du tissu. Le fil manquant laisse une marque qui vous servira de repère pour couper le tissu en trop. Si le fil est très fin, il faudra peut-être tirer plusieurs fils côte à côte.

Élastique à remplacer

Économisez vos gestes ! Au lieu d'extirper le vieil élastique, puis de le remplacer avec le neuf selon la technique de l'épingle à nourrice (voir « Cordon évadé », p. 60), voyez cette astuce. Dégagez l'extrémité du vieil élastique et fixez-y le bout de l'élastique neuf : vous pouvez le coudre ou les attacher ensemble avec la fameuse épingle à nourrice, ou même faire un nœud. Vous n'avez plus qu'à tirer sur l'autre bout du vieil élastique pour que le neuf glisse à sa place !

Élastique à rallonger

Oui, vous avez pris du tour de taille, et alors? Ce ne sont pas 10 malheureux centimètres de plus qui vont vous empêcher de porter votre jogging préféré! Un petit passage à l'atelier travaux pratiques et on n'y verra que du feu. Le souci, c'est que venant de la confection industrielle, l'élastique est piqué dans le jogging... une vraie galère pour l'extirper! On comprend bien l'économie du principe : l'élastique est placé dans un « tunnel » et vas-y, deux ou trois passages de machine à coudre servent à la fois à surfiler, fermer le tunnel et fixer l'élastique... vite fait, mal fait! Heureusement, notre mission consiste à rallonger l'élastique, s'il fallait le changer, nous devrions découdre toutes les piqûres, sur toute la longueur de la taille! Nous n'allons devoir couper les piqûres point par point que sur 10 cm, mais sans entailler le tissu (ni tout jeter par la fenêtre). Une fois l'élastique dégagé de sa gangue, coupez-le. Superposez une extrémité du rajout (de 10 cm) sur une extrémité de l'élastique et piquez solidement. Si vous cousez à la main, le port du dé est obligatoire, vu l'épaisseur de l'élastique. Appliquez le même traitement à l'autre extrémité du rajout. Rabattez ensuite la partie du tunnel décousue sur l'élastique et placez des épingles tout au bord du rabat. Piquez au ras du rabat de façon à ne pas piquer l'élastique avec.

Gant troué

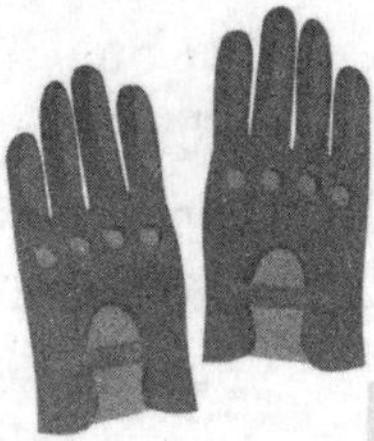

Un des doigts est décousu : pratique pour les possesseurs d'iPhone, mais pas très élégant. Et si vous n'endiguez pas cette percée, vous n'aurez d'autre choix que de transformer vos gants en mitaines… Cette astuce va vous aider à recoudre le doigt sans perdre le confort. Mettez le gant sur l'envers puis glissez un dé à coudre à l'intérieur du doigt percé. Il ne vous reste plus qu'à faire quelques points pour raccommoder les deux côtés du trou. Retournez le gant : ni vu ni connu.

Genoux renforcés

Antipoches et double protection, cette astuce est particulièrement bienvenue pour les pantalons de nos petits diables. Tout frais sorti de son emballage, mettez le pantalon sur l'envers et fixez deux morceaux d'entoilage thermocollant à l'emplacement des genoux : un coup de ciseaux, un coup de fer… un coup de maître !

Ourlets malins

Collé serré

On en a rêvé, ils l'ont fait! Avis à tous ceux qui ont deux mains gauches, aux pressés, aux débutants, aux paresseux et à ceux qui ont la fibre créatrice mais ne savent pas coudre: la colle spéciale tissu existe. Sous la forme d'un tube ou d'un aérosol, cette colle supporte le lavage à 60°. Le mieux est de marquer votre ourlet au fer à repasser, pour éviter de déborder avec la colle. Ensuite, faites couler un filet de colle directement du tube sur le rabat de l'ourlet, ou vaporisez un coup de spray (en ayant pris soin de protéger le reste du vêtement avec un chiffon). Selon la notice de la colle, il faut en général attendre 1 minute puis presser les deux parties de tissu à fixer. Il est recommandé d'attendre une journée avant de laver le vêtement.

Dépannage

C'est dans le miroir des toilettes du bureau que le drame vous est apparu: votre ourlet de jupe est en train de se défaire, une partie pendouille déjà tristement. En attendant d'être à la maison, vite, quelques gouttes de vernis à ongles bien placées et vous pouvez rentrer tête haute.

Ourlet turbo : mode d'emploi

La méthode n'est pas d'une précision chirurgicale, mais elle prendra dix fois moins de temps que le procédé traditionnel, avec épingles et double décimètre. Enfilez le vêtement. Tendez une ficelle entre deux chaises, à la hauteur du futur ourlet (plus ou moins près du sol pour un ourlet de pantalon, à hauteur de mollet, genou ou cuisse pour une jupe ou une robe). Ajustez bien la hauteur de la ficelle, puis frottez une craie sur la ficelle – une craie blanche si le vêtement à couper est foncé ; une craie de couleur pour un tissu clair. Appuyez-vous contre la ficelle, puis tournez sur vous-même de façon à ce que la craie marque le tissu. Retirez le vêtement délicatement, posez-le à plat. Formez le pli sur le trait de craie. Pour fixer l'ourlet, choisissez la méthode qui vous convient : bandes thermocollantes (voir p. 49), colle pour tissu (p. 51) ou à l'ancienne, avec aiguille et fil.

Marquer

Pas de craie de couturière sous la main pour marquer votre ourlet ? Prenez un morceau de savon pour tracer le trait : l'aiguille n'en glissera que mieux et toute trace disparaîtra au lavage !

Plombé

Un pantalon qui tombe bien droit sur la chaussure, c'est chic et pratique: plus besoin de le repasser par-dessus la chaussure à chaque fois qu'on se lève! Procurez-vous du fil à plomb pour rideaux et glissez-en dans l'ourlet du pantalon pour un tomber impeccable.

Provisoire

Astuce spéciale jean neuf trop long. Avant de vous lancer dans la couture de l'ourlet, voyez comment se comporte votre jean neuf au lavage. Ne coupez rien: rentrez la longueur de jean voulue, puis retournez le jean sur l'envers et collez une bande de ruban adhésif toilé pour fixer l'ourlet. Cet ourlet digne de MacGyver devrait résister à deux lavages: le temps qu'il prenne sa forme définitive.

Sécurisé

Quand vous recousez un ourlet (à la main ou à la machine), tous les 10 cm environ faites trois ou quatre points les uns sur les autres pour assurer une solidité à toute épreuve.

Zip (fermeture Éclair)

Curseur express

Une fermeture Éclair sans curseur (appelé aussi tirette), c'est comme une choucroute sans saucisse : on ne sait pas par quel bout la prendre. Un trombone pourra jouer les remplaçants ; s'il est de la même couleur que le vêtement, on n'y verra que du feu. S'il est couleur métal, customisez-le en enroulant du fil ou de la laine de la bonne couleur. Bon à savoir : la tirette est l'objet d'un vrai commerce sur Internet. Pour quelques euros, on s'offre les modèles les plus sobres ou les plus fous, allant du bijou en métal brossé aux Titi et Grosminet...

Fermé pour cause de lavage

Fermez bien les fermetures Éclair des vêtements avant de les passer à la machine, cela protège les dents et assure une meilleure longévité au zip.

Paresseux

Donnez des ailes à votre fermeture Éclair en appliquant une noisette d'après-shampooing tout le long des dents !

CHAPITRE 3

Choyer (détacher, laver, sécher, repasser, rafraîchir)

Tout, vous saurez tout sur le lavage, le séchage, le repassage et sur tout ce qui concourt à chouchouter vos vêtements ! Des astuces pour vos pulls délicats, des formules magiques pour ressusciter vos baskets, des modes d'emploi expliqués au pas à pas pour gagner du temps… Et un best of des pires taches et des meilleures solutions pour s'en débarrasser !

Zoom sur les étiquettes

1. **Lavage.** Le picto a le mérite d'être clair : une cuvette contenant de l'eau qui fait des petites vagues. À l'intérieur, la température maxi autorisée pour le vêtement, 30 °C. →

2. **Eau de Javel.** Oui ou non le vêtement peut-il passer à l'eau de Javel, c'est ce triangle qui vous le dira. S'il est barré, impossible.

3. **Repassage.** Ce fer à repasser stylisé et non barré indique que le vêtement supporte le repassage. Oui, mais à quelle température ? C'est le point noir figurant sur le picto qui le précise : 1 point = repassage à basse température ; 2 points = repassage à température moyenne ; 3 points = fer très chaud.

4. **Nettoyage à sec.** Ce cercle symbolise le nettoyage à sec (et non pas le lavage en soucoupe volante). Si il est barré, cela signifie que le vêtement est interdit de nettoyage à sec.

5. **Sèche-linge.** Un carré avec un cercle à l'intérieur représente le sèche-linge : s'il est barré, cela signifie que le vêtement doit être séché uniquement à l'air libre.

Les produits amis

Il y a les stars, comme l'eau de Javel, utilisée depuis 1777 pour ses pouvoirs blanchissants et désinfectants, ou la terre de Sommières qui a sauvé des milliards de vêtements de la tache définitive de graisse. Mais il y a aussi des grands professionnels de l'entretien qui vivent dans l'humilité et gagnent à être connus : le lait, ennemi juré des taches d'encre ; le vinaigre blanc, qui fixe, ravive les couleurs et rend son moelleux au linge ; la mie de pain qui détache et gomme le daim ; le bicarbonate, multispécialiste... Et puis, il y a les « snipers », ceux que l'on n'utilise qu'une fois par an mais qui font un travail sans bavure, comme l'alcool à 90°, l'acétone, etc. Découvrez ici les talents de ces experts de l'entretien malin*.

Acétone

Tout le monde n'a pas ça dans ses produits ménagers et pourtant ! Ce solvant débarrasse tout tissu des taches de colle, de peinture, de stylo-feutre et de chewing-gum sans laisser ni trace ni auréole. Oui, même cette tache de vernis à ongles sur votre pantalon tout neuf : il n'en fera qu'une bouchée. Et pour moins de 5 € (dans les magasins de bricolage). Le mode d'emploi

* Testez toujours la réaction dudit tissu sur un coin caché avant de le traiter.

dépend de la nature du tissu taché, mais le principe de base est souvent le même :

- enlever aussi vite que possible le gros de la tache, en raclant avec un couteau propre ;
- mettre le tissu sur son envers ;
- tamponner la tache avec un morceau d'essuie-tout (ou chiffon propre) imprégné d'acétone.

Faire la même chose sur l'endroit du tissu jusqu'à disparition de la tache.

Alcool à 90°

On le connaît bien dans son rôle de désinfectant pour les plaies, qui fait grimacer petits et grands. Mais il est incroyablement efficace pour apporter des soins à nos vêtements ! Les gros bobos ne lui font pas peur : taches de stylo à bille, de mercurochrome, de nicotine, de Coca-Cola… son champ de compétence est vaste.

Alcool à brûler

Si nos (arrière-)grands-mères l'appelaient « alcool ménager », vous pouvez leur faire confiance, c'est qu'il rendait une foule de services dans la maison. Au rayon tissus, ses spécialités sont les taches de gras, d'encre de stylo, d'herbe, de café, de fruits, de nicotine… qu'il désintègre littéralement.

Bicarbonate de soude

Détachant, assainissant, désodorisant, assouplissant… la liste des vertus de cette poudre magique est longue. Vous trouverez le mode d'emploi de ces applications à la rubrique « taches » (p. 144). Et ne vous méfiez pas de son nom évoquant un produit chimique redouté, le bicarbonate est un produit naturel.

Citron

Il désincruste les taches de boue, réveille la blancheur du linge jauni, désintègre le tartre qui durcit le linge, parfume, détruit les bactéries : adoptez le « zeste qui sauve » !

Eau de Javel

Combien de vêtements blancs a-t-elle sauvés de la grisaille ? L'eau de Javel est réputée pour ses pouvoirs blanchissants, mais on oublie parfois qu'elle tue les virus et détruit les moisissures ! En temps de grippes, elle peut être systématiquement ajoutée en machine, en prenant les précautions qui suivent.

- **Pour désinfecter tous les vêtements lavables (excepté le Nylon) :** versez ½ verre (75 ml) d'eau de Javel prête à l'emploi (c'est-à-dire déjà diluée, en bidon, pas en berlingot) dans le compartiment de la machine à laver (4-5 kg) prévu à cet effet (sinon, dans celui de l'adoucissant).
- **Pour détacher, blanchir, raviver les vêtements en coton et lin blancs ou de couleurs grand teint :** versez 1 verre ½ à 2 verres (1 verre = 150 ml) d'eau de Javel prête à l'emploi (c'est-à-dire déjà diluée, en bidon, pas en berlingot) dans le compartiment de la machine à laver (4-5 kg) prévu à cet effet (sinon, dans celui de l'adoucissant).

Il existe 2 sigles de javellisation :

conseillé

déconseillé

Eau oxygénée

Cet agent blanchissant très efficace et moins agressif que l'eau de Javel est aussi un bon détachant. Ses compétences sont au top pour faire disparaître une tache de café sur un tissu naturel (coton, lin...), de vin, de fruits et de roussi (légère brûlure) sur les tissus blancs.

Elle s'utilise pure, diluée, ou à différents « volumes » selon les cas et l'étendue des dégâts. Le procédé est souvent le même : on en verse sur un chiffon propre (morceau d'essuie-tout, coton...), puis on tamponne la tache sans frotter.

Huile d'olive

Elle nourrit et imperméabilise sacs, chaussures, vêtements en cuir et petite maroquinerie. Avec elle, fini les fermetures Éclair récalcitrantes, dehors les taches de cambouis et de goudron sur les vêtements ! Vous avez bien lu : nous vous suggérons de remplacer une tache de goudron par une tache d'huile ! Parce que nous savons que son acolyte la terre de Sommières se régale des taches d'huile mais se casse les dents sur une tache de goudron (de cambouis, de mazout).

Lait

C'est un sniper : il agit là où on ne l'attend pas et sur des missions très spécialisées. Le cuir vernis est un de ses musts : il le nettoie et le fait briller à la perfection. Les taches d'encre, de feutre fluo en particulier, sont balayées après son intervention (à condition d'agir vite) et il rattrape un vêtement sur lequel une couleur a dégorgé.

Mie de pain fraîche

Très spécialisée, la mie de pain est une experte pour extraire les taches sur le daim. Tamponnée ou frottée selon les cas, elle exerce un effet gomme qui débarrasse chaussures, vestes, blousons, gants des taches. Son gros atout ? Elle est souvent à portée de main !

Savon de Marseille

S'il fallait n'en garder qu'un, ça serait lui ! C'est tellement simple qu'on n'y pense pas, mais frotté à sec ou humide sur un tissu taché il fait des miracles. Miraculeux aussi en « prédétachage » : avant de mettre le linge dans la machine à laver, on passe le savon sous l'eau et on frotte vite fait les coins stratégiques comme les cols, les dessous-de-bras, etc., et à la sortie, on voit bien la différence. Franchement, un détergent 100 % naturel qui dégraisse et détache sans risque

d'irritation ni allergie pour la peau, ni douleur pour la planète... ça ne se laisse pas passer.

Terre de Sommières

Elle tient son nom d'un village du Gard, et nos grands-mères la vénéraient. Imaginez une poudre capable de « pomper » du beurre ou de l'huile à sec, sans qu'on ne lui ajoute quoi que ce soit et sans laisser de traces ni d'auréole ! D'autant que le mode d'emploi est enfantin et ne demande pas des efforts surhumains : on saupoudre largement la terre de Sommières sur la tache de gras, le plus vite possible, on laisse la magie opérer 2 à 3 heures et il n'y a plus qu'à brosser le textile pour que la tache ne soit qu'un mauvais souvenir.

Vinaigre blanc

Quand on commence à utiliser le vinaigre dans la maison, on devient vite accro. Rien que son don pour détruire le calcaire qui s'immisce dans nos vêtements nous devient indispensable. Il les rend plus souples, moelleux et sans les agresser à coups de chimie. ½ verre dans le compartiment prévu pour l'assouplissant et le show commence : les couleurs qui ont tendance à baver sont fixées, celles qui s'éteignaient sont ravivées. En dissolvant le tartre, il libère les fibres, qui seront mieux lavées. Même la lessive est boostée par cet expert et devient plus efficace. Et la machine à laver n'est pas son seul terrain de jeu : il détache le daim, « repulpe » un tissu lustré, vient à bout d'une tache de brûlé et élimine les moisissures.

Les secrets d'entretien

Acétate

Lavage-repassage, mode d'emploi

Sous ses faux airs de soie et son drapé fluide, l'acétate est un tissu aux fibres artificielles qui « tombe » bien. Si vous le confiez au nettoyage à sec, vous serez sûr de ne pas faire d'erreur. Mais certains vêtements en acétate supportent très bien le lavage à la main, et à condition de suivre ces quelques recommandations, vous vous éviterez les allers-retours au pressing. Lessive douce, eau tempérée, main légère sont au programme :

- Eau à 30 °C.
- Pas de trempage illimité pour les vêtements de couleur.

• Pas d'essorage : une fois lavé et rincé, étendez le vêtement à plat.

• Repassage du vêtement encore humide et sur l'envers du tissu à température toute douce. Si le vêtement est sec, utilisez une pattemouille (voir p. 46) pour le repasser sur l'endroit.

Acrylique

Lavage-repassage, mode d'emploi

Le problème avec l'acrylique, c'est qu'il se charge d'électricité statique pour un oui ou pour un non. L'astuce pour limiter ce désagrément ? Ajouter un produit adoucissant au dernier rinçage.

• En machine ou à la main : eau à 30° (40° maxi).

• Ajout d'un adoucissant au dernier rinçage.

• Essorage ultra-light.

• Sèche-linge basse température. Sortir les vêtements en acrylique dès qu'ils sont secs pour éviter qu'ils se froissent.

• Repassage à fer moyen (ni trop chaud, ni trop tiède).

Adoucissant pulls

Dites non aux pulls qui piquent ! Procurez-vous de la glycérine végétale (pharmacie, parapharmacie, boutique produits naturels). Dans l'eau de lavage pour une lessive à la main, ou lors du dernier rinçage en machine, versez 1 cuillère à café (5 ml) de glycérine pure. Double effet cool : la glycérine adoucit les fibres et aide à dissoudre les taches.

Alpaga

Lavage-repassage, mode d'emploi

Les vestes, manteaux et autres « grosses » pièces fileront au nettoyage à sec. Les pulls, écharpes, bonnets, châles et vestes tricotées se lavent très bien à la main.

- Eau presque froide (de 0 à 30 °C).
- Lavage au shampooing.
- Pas d'essorage manuel ni de sèche-linge : emmaillotez le vêtement dans une serviette éponge et pressez délicatement pour enlever l'excédent d'eau. Laissez sécher à plat et à l'ombre.
- Repassage à fer ultradoux si besoin.

Amidon

Maison

Un col de chemise qui ne bâille pas, une robe de princesse qui ne semble pas fanée et reste vaporeuse, un pantalon qui paraît sorti du pressing... l'amidon sait obtenir tout ça ! Mais pourquoi dépenser des sous dans un geste antiécologique quand on peut faire malin et naturel ? Lorsque vous avez fait cuire du riz (50 g par litre d'eau), ne jetez pas l'eau de cuisson ! Laissez-la refroidir, filtrez-la avec un chinois (passoire très fine), puis humectez votre linge avec, avant de le repasser. Si vous pouvez récupérer un flacon à pompe pour y verser votre amidon maison, c'est encore plus pratique.

Antitaches

À l'intention de ceux qui croient que l'amidon n'est qu'un truc de mamie pour raidir les napperons de dentelle à poser sur la télé : erreur ! Utilisé sur n'importe quel vêtement de coton, l'amidon donne certes de la tenue au tissu, mais surtout (et ça, c'est bon pour les paresseux que nous sommes), il protège de la saleté !

Astrakan vivifié

Bonne pioche, tata Nadine a vidé ses placards et vous a rapporté une superbe petite veste en astrakan. Superbe… pour l'instant elle est plutôt tristouille. Suspendez la veste sur un cintre, puis battez-la énergiquement avec une baguette (souple, c'est plus efficace et tendre pour la fourrure) : vous serez étonné de voir la poussière qu'elle peut emmagasiner. Versez 3 gouttes d'huile d'olive dans le creux de votre main et frottez vos mains l'une contre l'autre pour bien répartir l'huile. Lissez la fourrure avec vos mains, remettez quelques gouttes et poursuivez la manip jusqu'à ce que vous ayez fait le tour de la veste. Une fois terminé, appréciez le beau lustre brillant qui illumine le poil bouclé !

Auréole

De détachant

Dans la précipitation à vous débarrasser de cette tache, vous avez utilisé un détachant à sec en bombe : très efficace, la tache a disparu. Mais une auréole blanchâtre est apparue, elle, et vous n'avez plus le temps de laver le vêtement… Faites bouillir de l'eau, puis placez le morceau de tissu avec l'auréole au-dessus de l'eau, dans la vapeur quelques instants. Mettez-le bien à plat. Branchez le fer à repasser, posez un linge humecté (pattemouille) sur le tissu pour accélérer le séchage... sans plis et sans auréole!

De transpiration

Une vingtaine de minutes avant de faire votre machine, préparez ce mélange : dans un bol, pressez le jus de ½ citron. Ajoutez-y 1 cuillerée à café de bicarbonate, mélangez bien. Plongez une brosse à dents usagée dans le mélange et brossez doucement les auréoles de transpiration ancrées dans le tissu des chemises, chemisiers, tee-shirts, etc. Faites tourner la machine comme à l'accoutumée. Envolées, les vilaines traces!

Baskets

Alêne fraîche

Les baskets blanches sont un déjeuner de soleil : à peine portées, elles se salissent. Et même après lavage, elles gardent grise mine et ne reprennent pas leur couleur initiale. Pour leur rendre leur blancheur immaculée, étalez du dentifrice sur une vieille brosse à dents et frottez-les énergiquement. Rincez à l'eau claire, laissez sécher à l'air libre.

Tachées

Huile, beurre, sauce… s'il s'agit d'une tache de graisse, SOS terre de Sommières (voir p. 77) : saupoudrez la tache généreusement, laissez agir

1 heure sans intervenir, puis brossez vigoureusement. Vous êtes en présence d'une TONI (Tache d'Origine Non Identifiée) ? Imbibez un tissu propre d'alcool à 90°, puis tamponnez-en les taches.

Blanc virginal

Un expert blanchisseur pas cher à la maison, ça vous dit ? Servez-vous, il est là, dans la corbeille de fruits

- *Lavage à la main :* versez le jus de 2 citrons dans 1 litre d'eau très chaude, laissez tremper 20 minutes. Procédez ensuite au lavage habituel.
- *Lavage en machine :* coupez 1 citron en rondelles, placez-les dans un petit sac pour laver les sous-vêtements (ou dans une chaussette que vous fermez par un nœud). Mettez-le avec votre

linge dans le tambour de la machine et enclenchez le programme habituel.

Les plus chanceux feront sécher le linge au soleil et obtiendront un blanc immaculé.

Bottes en caoutchouc attendries

Si on n'habite pas Londres, on les porte rarement, ses bottes en caoutchouc. Mais quelle déception, lorsqu'on les ressort du placard : elles sont toutes raides, le caoutchouc a perdu son élasticité et grince à chaque pas. Commencez par nettoyer les bottes à l'eau savonneuse à l'aide d'une éponge. Rincez-les à l'eau claire. Faites chauffer du lait : lorsqu'il est tiède, trempez-y un chiffon propre et frottez les bottes avec. Ne rincez pas.

Boucles d'or

Mettez vos boucles de ceinture, de chaussures ou faisant partie d'un vêtement à l'abri de l'oxydation ! Protégez-les en les recouvrant d'une couche de vernis incolore : elles conserveront leur brillant des premiers jours ni vu ni connu.

Bouton en nacre cristallin

Autrefois, les boutons de nacre étaient incontournables sur les chemises d'homme, les chemisiers et chemises de nuit de femmes. Aujourd'hui, ils font un retour en fanfare dans les loisirs créatifs pour customiser un vêtement. Et il n'est pas rare de les voir sur des dessous chics. Mais s'ils ne sont pas portés pendant un moment, ils ternissent et finissent par ressembler à des boutons lambda en plastique. Ajoutez à de l'eau froide (1 cuillère à soupe suffit pour une rangée de boutons) un morceau de craie, mélangez. Avec un tissu doux et propre frottez les boutons un à un pour les rendre à nouveau chatoyants.

Cachemire

Lavage-repassage, mode d'emploi

Il ne faut pas avoir peur de laver les pulls en cachemire, il vaut même mieux les laver souvent qu'attendre qu'ils soient sales. Vite fait bien fait, sans les laisser tremper, lavez-les à la main.

- Remplissez le lavabo (évier, cuvette…) d'eau froide.
- Ajoutez 1 cuillère à soupe de savon de Mar-

seille en paillettes (ou une larme de savon noir liquide pur) par litre d'eau.

- Plongez le pull (écharpe, bonnet, châle, robe…) dans le mélange et remuez-le doucement tout en le pressant délicatement pendant quelques minutes.
- Rincez-le plusieurs fois à l'eau froide. Ne pas essorer ni tordre.
- Roulez-le dans une serviette éponge pour évacuer le trop-plein d'eau, puis étalez-le sur une serviette sèche à plat, loin d'une source de chaleur pour qu'il sèche.
- Avec ce traitement, vous ne devriez pas avoir besoin de le repasser. Si besoin, passez un fer très doux sur l'envers, ou sur l'endroit mais avec pattemouille.

Ceinture en cuir revitaminée

Une ceinture en cuir un peu ternie, usée ou/et raidie ? Coupez une orange en deux, pressez le jus et buvez-le pour faire le plein de vitamine C. Avec la moitié d'orange débarrassée de son jus, frottez la ceinture, pulpe contre le cuir. Des morceaux de pulpe restent « collés », c'est normal. Laissez sécher, puis,

muni d'un chiffon propre et sec, frottez énergiquement la ceinture (allez-y franchement, vous avez de l'énergie à revendre, avec ces vitamines absorbées !).

Chapeaux

De paille

C'est clair, il n'a pas aimé l'hiver… Des taches (humidité ? moisissures ?) sont apparues et la paille a pris une teinte qui tire sur le gris. Il a fait son temps ? Pas si sûr… Coupez un citron en deux et frottez le dessus, les bords, le revers du chapeau directement avec un demi-citron. Laissez sécher (au soleil c'est bien, mais évitez le radiateur). Trempez un chiffon propre dans de l'eau tiède et passez-le sur toute la surface du chapeau. Voilà, vous pouvez partir la tête haute, coiffée d'un chapeau de paille bien blond.

En velours

Quel mauvais goût, cette pluie ! Elle a martelé votre joli chapeau en velours. Résultat : le velours est tout raplapla, zéro relief, et que sont devenus ses jolis reflets mordorés ? Cessez de pester et essayez plutôt ceci : faites bouillir de l'eau dans une grande casserole. Retirez-la du feu et placez le chapeau au-dessus, de façon à ce qu'il soit dans la vapeur. Ne le laissez pas sans bouger, il ne doit pas être mouillé, juste humidifié : tournez-le dans tous les sens quelques minutes. Attendez qu'il sèche un peu, puis brossez-le doucement, dans le sens « du poil », avec une brosse souple.

Chaussettes blanchissimes

L'eau de Javel est top pour donner un coup de flash aux chaussettes blanches qui jaunissent avec le temps. Mais si vous doutez de la réaction du tissu avec ce traitement, essayez cette astuce.

Remplissez le lavabo (évier, cuvette...) d'eau très chaude (mais pas bouillante, vous y laisseriez vos élastiques) et pressez-y le jus d'un citron. Laissez tremper les chaussettes au moins 20 minutes, puis lavez-les comme à l'habitude.

Chaussette orpheline

L'un des grands phénomènes universels restés inexpliqués à ce jour est assurément la disparition des chaussettes dans la machine à laver ! On a beau être vigilant, à la sortie, on a tous notre lot de chaussettes esseulées. Trois solutions : soit former un Comité de défense des chaussettes orphelines ; soit former des paires et les attacher ensemble avec une épingle à nourrice avant de les laver et de les sécher. Soit, encore, acheter des chaussettes toutes identiques pour faciliter l'appairage.

D'ailleurs, le mystère de la chaussette orpheline a inspiré un site Internet, Chau7 (www.chau7.fr), qui vend des pinces ingénieuses pour en finir avec les chaussettes solitaires : 15 pinces pour moins de 10 €.

Chaussures en cuir

Nettoyer

Des chaussures bien entretenues, même si le reste de la tenue est décontracté, voire négligé, ça vous pose son homme. Et nous autres, les filles, avons beau collectionner les chaussures, notre paire préférée aura un bel avenir seulement si nous savons la nourrir.

- Faites place nette : avec une brosse propre (ou un chiffon), débarrassez vos chaussures de la poussière et autres résidus.
- Sur un chiffon propre, versez quelques gouttes de lait de toilette (démaquillant, hydratant, spécial bébé…), celui que vous utilisez pour votre

visage ou votre corps. Appliquez sur le cuir en petits cercles pour bien faire pénétrer. Laissez sécher. Si vous n'avez pas le temps de passer à l'étape cirage, au moins vos chaussures seront-elles nourries et protégées des taches.

Cirer

Le secret de longévité de nos chaussures chéries réside aussi dans la qualité du cirage. Les cirages des grandes surfaces sont bon marché, mais ils contiennent du silicone. Cet ingrédient magique donne une brillance phénoménale, mais il encrasse aussi les pores du cuir, qui ne peut plus être nourri et se dessèche, et finit par se craqueler. Le silicone ne passera par vous ! Préférez un cirage à base de cire d'abeille, un peu plus cher, mais plus fiable et plus durable.

Faire briller

Spécial filles : roulez un de vos collants en boule et frottez vos chaussures avec, après application du cirage. On se voit dedans !

Spécial garçons : faites briller vos chaussures « à la hussarde », comme le faisaient les militaires.

Crachez directement sur le cuir, puis frottez avec un chiffon en laine (ou un mouchoir en papier).

Lait de toilette pour cuir verni : la recette

Ce produit de beauté dédié à vos cuirs vernis (chaussures, ceintures, sacs...) se prépare... en cuisine !

- Dans un petit récipient avec couvercle, versez 3 cuillères à soupe de crème fraîche.
- Ajoutez 2 cuillères à café d'huile de lin.
- Mélangez bien la préparation.
- Prélevez une noisette du mélange avec un tissu en coton propre, puis enduisez le cuir verni en une couche fine.
- Laissez sécher.
- Frottez avec un tissu en laine pour faire briller.
- Conservez ce lait au frais, couvercle fermé, pendant 3 semaines.

Détacher (tache de gras)

Généralement, cela arrive lorsqu'on porte ses chaussures préférées… Éclaboussure de mayonnaise ou huile de vidange, on voit le corps gras s'infiltrer dans le cuir et promettre une tache permanente.

- **À la maison.** Si ce scénario catastrophe se déroule à la maison, pas de souci, direction les produits ménagers, rayon terre de Sommières! Saupoudrez généreusement la poudre sur la tache, tapotez sur le tas pour que la terre soit bien en contact avec le cuir, puis laissez la poudre faire son travail de pompage pendant 2 heures. À l'aide d'une petite brosse (souple, si possible), chassez la terre de Sommières. À noter que la méthode fonctionne également parfaitement avec une tache de sang.

• **En extérieur.** Si le drame se déroule ailleurs qu'à la maison (restaurant, bureau...), sans possibilité de trouver de la terre de Sommières (qui reste la plus efficace sur le coup), allez dans une pharmacie (ou une grande surface) acheter du talc et une brosse à dents. Répandez du talc sur la tache et brossez le tout soigneusement en petits cercles concentriques. Soufflez pour enlever le talc, remettez-en une couche neuve et brossez à nouveau. S'il reste des traces blanches après le traitement, ça n'est pas grave: elles partiront avec le cirage qui les attend à la maison.

Chaussures d'enfants sous protection

10 minutes: c'est le temps que votre chère tête brune met à défigurer ses chaussures toutes neuves. Faites baisser son score en appliquant

du vernis à ongles incolore (ou de la couleur des chaussures) sur le bout des chaussures avant même de les lui enfiler. Et s'il est déjà trop tard, appliquez-en quand même : du vernis coloré atténuera l'aspect râpé ; de l'incolore renforcera la deuxième couche.

Chaussures en toile

Lavage en machine

On sait que ça n'est pas du tout recommandé. On sait que le caoutchouc risque de se décoller et la colle déteindre sur la toile. Mais quand on est obligé de les entreposer sur le balcon pour ne pas incommoder la galerie, on se dit que seul un lavage en machine peut les sauver… Avant de les mettre en machine, versez 3 cuillères à soupe de bicarbonate dans chaque tennis et répartissez bien la poudre. Enfermez les tennis (poudrées) dans une vieille taie d'oreiller qui ferme bien, puis lancer un programme à 30° maxi.

Nettoyage express

Il faut tout de même compter une petite heure pour que cette astuce donne un vrai coup de propre à vos tennis (en toile ou synthétique).

Le produit qui fonctionne « pile poil » ? La mousse à raser ! Enduisez vos tennis de mousse à raser (une fine couche, ou des spots répartis), laissez poser ½ heure. Brossez la mousse, puis passez un chiffon propre humidifié. Salvateur, quand on est loin de ses produits d'entretien !

Sent bon

Dès leur première sortie, saupoudrez l'intérieur de vos chaussures en toile avec du talc parfumé. Cette couche de protection antiodeurs doit être renouvelée de temps en temps.

Waterproof

Juste avant d'enfiler vos chaussures en toile fraîchement achetées, vaporisez-les avec un produit imperméabilisant pour cuir. Cette astuce les protégera… des taches, qui glisseront et ne se fixeront pas.

Chaussures en daim fatiguées

À force, le daim perd sa couche « moussue » et des plaques brillantes de cuir apparaissent. Pour unifier tout ça et redonner son aspect daim à vos chaussures, procurez-vous du papier de verre extrafin (double zéro) et frottez délicatement la chaussure en formant des cercles. Cette astuce n'est pas recommandée en utilisation quotidienne, elle finirait par user plus qu'elle ne réparerait. Mais ponctuellement, elle est très efficace.

Chaussures mouillées

On rentre les pieds trempés, on enlève ses chaussures sur le palier pour ne pas tout salir, et puis les chaussures mouillées se retrouvent généralement dans la douche, à croupir. Ça encombre et ça met des siècles à sécher, en conservant parfois une petite odeur de moisi des plus désagréable. Apprenez ici à transformer un cintre métallique en séchoir à chaussures : repliez les deux côtés du cintre vers le haut en tordant le métal, ce qui vous permet d'y enfiler les chaussures. Accrochez ensuite le cintre à la poignée d'une fenêtre, sur le balcon ou partout où les chaussures sécheront à l'air (et surtout pas au radiateur, le cuir n'y résisterait pas !).

Pas de cintre en métal à la maison ? Utilisez un cintre à pinces pour pantalon, à condition de ne pas avoir à faire sécher des chaussures de ski, très lourdes… Si les chaussures sont trop lourdes pour être suspendues, bourrez-les de papier journal, qui absorbera l'humidité de l'intérieur, mais ne les entreposez pas près d'une source de chaleur (voir « Chaussures raides », p. 98).

Chaussures neuves

Vous arborez insolemment vos stylettos en cuir tout neufs… jusqu'au moment où vous vous tortillez de douleur à cause des ampoules. N'attendez pas de souffrir : avant de les porter pour la première fois, appliquez quelques gouttes de glycérine sur un chiffon propre, puis frottez l'intérieur des escarpins (en insistant sur les endroits sensibles comme le talon). Le traitement est très efficace si vous l'appliquez les 15 premiers jours. Autre moyen pour assouplir ces chaussures neuves, bourrez-les de chiffons ou de papier journal imbibés d'alcool à 90° durant quelques nuits. Et si vos voisins sont conciliants, portez vos chaussures neuves le soir, à la maison, pour les détendre (les chaussures, pas les voisins…).

Chaussures raides

Vous n'avez pas écouté nos conseils et avez fait sécher vos chaussures mouillées près du radiateur ! Vrai que ça sèche vite, et enfiler des chaussures chaudes avant d'affronter le mauvais temps est un bonheur. Mais un mauvais calcul ! Le cuir est tout sec et un traitement s'impose. Sur un chiffon propre, versez quelques gouttes de glycérine et faites pénétrer (longuement) en formant des cercles. Redéposez quelques gouttes sur le chiffon et… vous avez compris le principe, il va falloir consacrer du temps à cette résurrection…

Chemises

Bagages

Les valises ont beau se perfectionner de jour en jour, il n'est pas rare, lors d'un déplacement, d'en sortir une chemise au col mou, affalé. Un peu de tenue ! Avant de mettre la chemise dans vos bagages, glissez une bande de carton (mieux : celle en plastique que l'on trouve sur les chemises neuves) dans le revers du col.

Domptées au lavage

Quand on fait tourner une machine de chemises, c'est l'enfer pour les sortir : les manches se sont emmêlées les unes aux autres en un tourbillon enchevêtré, et il faut du temps pour dénouer ce tas qui malmène les fibres. Sauf si vous appliquez ce truc tout simple et très malin : avant de mettre une chemise à la machine, boutonnez les boutons des poignets à l'une des boutonnières qui ferment le devant de la chemise. Transformée en camisole, la chemise se tient à carreaux.

Chewing-gum collé

Ne sortez pas l'artillerie lourde : l'acétone pourra venir en renfort au cas où le chewing-gum se serait répandu comme une méduse au soleil.
Un simple glaçon ne fera qu'une bouchée de la pâte à mâcher. Retournez le vêtement sur l'envers. Prenez un glaçon et frottez consciencieusement l'emplacement du chewing-gum ; vous pouvez aussi passer le glaçon sur le chewing-gum lui-même, le but est de durcir la pâte. Quand le chewing-gum est dur et cassant, décollez-le avec un couteau pour le séparer du tissu.

Cirage introuvable

Vous avez retourné la boîte à cirage, mais pas de cirage incolore en vue. Du noir, du brun, oui, mais impossible de les utiliser sur vos chaussures beiges… Direction la salle de bain : prélevez une noix de crème après-soleil (même si elle est périmée) et utilisez-la comme cirage. Le cuir est nourri et retrouve son brillant.

Cirage sec

Craquelé, tout sec… poubelle ? Pas si vite, le cirage peut être sauvé. Versez dessus quelques gouttes de jus de citron chaud, remuez. Ajustez la texture en ajoutant du jus si besoin. Votre cirage en est tout repulpé !

Col blanc

En balade

Comment ? Vous ne vous déplacez pas avec votre vinaigre blanc, expert en col nickel ? Plus sérieusement : si le col de votre chemise blanche est très sale, lors d'un voyage, appliquez une noix de shampooing dessus et frottez avec vos doigts. Laissez poser une dizaine de minutes, puis rincez à l'eau claire (vous obtiendrez un résultat immaculé en lavant toute la chemise).

Jauni

Pas de traces noirâtres, non, mais un film jaunâtre pas très glamour ? C'est un travail pour l'eau oxygénée ! Imprégnez un chiffon propre d'eau oxygénée et frottez le col en insistant.

Prédétaché

Avec le temps, des traces douteuses s'installent sur les cols blancs et font de la résistance au simple lavage en machine. Une heure avant de lancer votre machine, humidifiez le col avec du vinaigre blanc et laissez poser. Le vinaigre a cela de malin qu'il réveille aussi bien le linge blanc que les couleurs. Lavez ensuite la chemise sur son cycle habituel. À noter que cette astuce fonctionne également pour les dessous-de-bras…

Col en daim à croquer

La mie de pain est l'amie du daim, qu'on se le dise. Lorsque vous détectez une tache sur le col de votre veste en daim, ou que des salissures s'y sont accumulées, prélevez une petite poignée de mie de pain fraîche et tamponnez-en les taches en frottant.

Collants

Extraforts

Sortez vos collants flambant neuf de leur boîte et lavez-les à la main à l'eau tiède. Dans la dernière eau de rinçage, versez 3 cuillères à soupe de sucre. Laissez-les sécher à l'air libre, puis peaufinez le travail de renforcement par un repassage à fer très très doux, position du thermostat sur synthétiques. Un autre truc de longévité consiste à porter ses collants à l'envers, les mailles étant moins fragiles de ce côté : vérifiez quand même s'il n'y a pas visite médicale aujourd'hui…

Filés

Tout le monde ou presque connaît l'astuce pour stopper une échelle qui se forme inexorablement sur un collant filé : une goutte de vernis à ongles incolore stratégiquement posée, qui emprisonne les mailles. Mais quand on n'en a pas sous la main ? Un nuage de laque pour cheveux est très efficace (et moins voyant), mais si on n'en a pas ? Une pointe de colle !

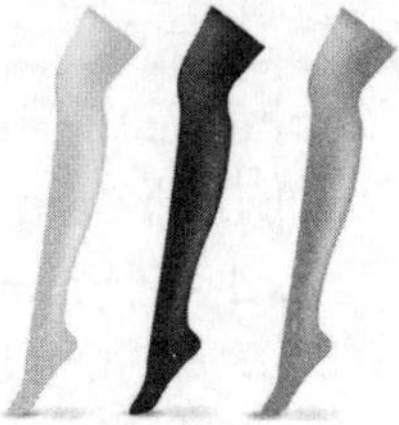

Gainés

C'est ballot : sitôt enfilé, sitôt filé ! Pour éviter ça, portez des gants (de ménage, de latex façon chirurgien, de soie…) pour enfiler vos collants. Et pour les renforcer une fois enfilés, vaporisez de la laque pour cheveux le long de vos jambes.

Recyclés

Malgré toutes nos astuces, vos collants finiront par rendre l'âme. Ne les jetez pas, recyclez-les en chiffon pour lustrer les chaussures, ou pour rembourrer un coussin ramollo.

Coton

Lavage-repassage, mode d'emploi

Pur, c'est le plus accommodant des tissus : il file en machine à une température élevée (90°), ou pas (30°) ; il supporte très bien le séchage musclé du sèche-linge. Personne n'est parfait : il nécessite généralement un coup de fer à repasser. Là encore, pas de chichis : température élevée et vapeur, il adore. Mais il lui arrive de rétrécir ! Pour lui ôter cette envie, avant même de le porter, une bonne douche froide ! Ou plutôt, un bain à l'eau froide (5 litres) additionnée de gros sel (5 bonnes poignées). Laissez tremper une douzaine d'heures, puis procédez à un lavage en machine à 40° maxi.

Déformé

« Ça godaille », disait ma mère en découvrant mon sweat-shirt en coton dont les manches, les poignets et le col étaient tout élargis après lavage. Faites tremper les endroits déformés dans l'eau très chaude pendant une dizaine de minutes (ajoutez de l'eau chaude si besoin), puis pressez-les pour évacuer l'excédent d'eau. Branchez le séchoir à cheveux, position maxi-chaud et séchez-les.

Couleurs boostées

Le vinaigre blanc est parfait pour sublimer les couleurs : tout vêtement en coton dont les couleurs sont un peu ternes, passées, sortira ravivé d'un bain vinaigré. Versez 25 cl de vinaigre blanc dans 5 litres d'eau et faites tremper ½ heure. Même punition pour en fixer les couleurs et éviter qu'elles dégorgent et déteignent !

Cravate bien portante

Nettoyage, mode d'emploi

Le premier réflexe ne devrait pas être de tenter de cacher la tache... Mais plutôt d'endiguer les dégâts avec un papier absorbant, sans frotter. Si c'est une tache de gras, convoquez la terre de Sommières, qui l'aspirera en quelques minutes. Après un brossage délicat, tout aura disparu. Pour un entretien de base :

- Dans un bol, mélangez de l'eau tiède à du savon de Marseille (1 cuillère à soupe de paillettes pour 1 litre d'eau). Trempez-y un chiffon propre (main légère, il ne doit pas être gorgé) que vous passerez sur toute la longueur de la cravate bien à plat.
- Changez de chiffon pour rincer, en procédant de la même façon qu'à l'étape précédente.
- Branchez le fer à repasser, position vapeur toute : quelques jets de vapeur façon pressing, sans écraser la cravate, peaufineront l'opération.

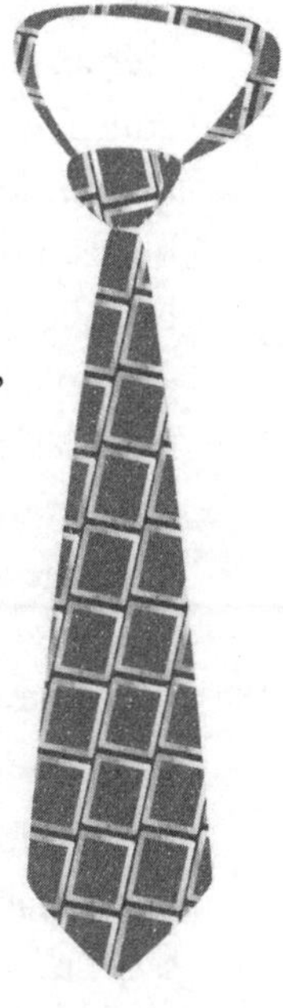

Daim ranimé

Assainir, raviver les couleurs

Chaussures, bottes, sacs, ceinture, portefeuille… tous les accessoires en daim sont concernés par cette astuce qui va leur donner un second souffle. Versez du vinaigre blanc pur dans un bol, trempez une brosse dedans puis brossez méthodiquement le daim en formant des petits cercles. Insistez sur les traces. Ne rincez pas.

Cirer sans déborder

Certaines chaussures en daim ont un rebord en cuir. Comment cirer cette partie de la semelle, qui fait le tour de la chaussure et remonte sur les bords, sans tacher le daim avec le cirage ? Atelier bricolage express : fixez du ruban adhésif (par exemple celui qu'on utilise en peinture pour protéger les carreaux) ou du sparadrap à la limite du daim tout autour de la chaussure, puis appliquez le cirage sans crainte, mais délicatement.

Nettoyer à fond

Le daim a la réputation d'être fragile : c'est faux ! Les cordonniers le disent même plus résistant et nécessitant moins de soins que le cuir. Au passage, rappelons-nous que le daim n'est pas de la peau de Bambi dans laquelle on aurait taillé des chaussures, mais du veau (appelé veau velours, du coup). Ils recommandent donc, dans le cas de chaussures très souillées, ou mouillées, de les laver. Enfilez des embauchoirs (ou bourrez-les de papier journal), puis brossez les chaussures avec de l'eau savonneuse (très peu de savon de Marseille ou de shampooing) énergiquement. Rincez à la douche (si, si !), remettez les embauchoirs puis laissez sécher loin d'une source de chaleur. Une fois qu'elles sont sèches, un bon coup de brosse tonique.

Déteindra ou déteindra pas : le test

Les lingettes magiques qui empêchent les couleurs de dégorger ont révolutionné la vie des ménagères du dimanche, en réconciliant couleurs et blanc dans le même cycle de machine. Mais elles sont chères et écologiquement suspectes. Ce test n'empêchera pas les couleurs de dégorger, mais il vous évitera des erreurs irrémédiables.

Placez le vêtement de couleur entre deux chiffons propres, blancs et humides. Passez le fer chaud (thermostat coton) sur le chiffon du dessus. Inspectez les chiffons : ils se colorent ? Le signe que le vêtement va dégorger et peut-être déteindre sur d'autres plus clairs. On dit alors que le tissu n'est pas « grand teint », un terme qu'on retrouve sur les étiquettes de lavage.

Espadrilles pied léger

Donnez un coup de jeune et de propre à vos espadrilles ! Le shampoing pour moquette et tapis en spray est idéal, grâce à sa mousse sèche qui ne risque pas d'endommager le cordage de la semelle. Vaporisez généreusement, brossez pour faire pénétrer le produit, laissez sécher. Une fois sèches, brossez à nouveau les espadrilles. Attention, il est toujours conseillé de faire un essai dans un petit coin (intérieur du talon, ici) pour s'assurer que le tissu est grand teint.

Fourrure tachée

Top classe, ce petit col en lapin façon hermine ! Mais un véritable piège à pollution et à fond de teint… Dans un sac en plastique assez grand pour accueillir le col de fourrure (écharpe, toque, veste…), versez du talc jusqu'au tiers du sac. Mettez la fourrure à l'intérieur du sac, fermez bien et agitez le tout énergiquement dans tous les sens. Le talc a un pouvoir d'absorption étonnant, il « pompe » littéralement toute salissure. Laissez le col dans le sac toute la nuit. Sortez le col du sac, par exemple au-dessus de la baignoire pour éviter d'en retrouver partout, et passez l'aspirateur sur le col à vitesse réduite pour enlever « le gros ». Pour finir, brossez les poils en tous sens avec une brosse pas trop souple.

Si le cas est plus grave et qu'il y a des taches marquées, faites une pâte en mélangeant 1 cuillère à café de talc avec 2 cuillères à soupe d'essence minérale (celle qu'on utilise dans les brûle-parfum, type lampes Berger). Appliquez cette pâte sur chaque tache, laissez sécher, puis brossez énergiquement.

Gants en cuir

Lavage, mode d'emploi

Comme pour les chaussures, chassez l'idée toute faite que le cuir ne se lave pas. Méfiez-vous quand même, il est préférable d'agir autrement si les gants sont en agneau ou dans un cuir particulièrement délicat. Donc vos gants en peau de chèvre sont très sales : enfilez-les, ajustez-les bien comme pour les porter. Humidifiez vos mains à l'eau tiède, saisissez un savon de Marseille et lavez-vous les mains en insistant sur les taches. Rincez vos mains gantées à l'eau tiède, essuyez avec une serviette de toilette. Retirez les gants, faites les sécher en les suspendant à un cintre pour pantalon ou jupe, dans un endroit aéré loin d'une source de chaleur (radiateur, soleil…). Quand ils sont secs, enfilez-les à nouveau, puis tamponnez-les avec un chiffon propre imbibé d'huile de ricin pour leur rendre toute leur souplesse.

Détach' express

Prélevez une bonne boule de mie de pain fraîche et tamponnez vos gants (en cuir ou en daim) partout, en insistant sur les taches : mieux qu'une gomme !

Noirs décolorés

Impossible de vous rappeler ce qui s'est passé, mais le résultat est là : un de vos gants en cuir noir presque neufs est défiguré par une tache blanche, genre eau de Javel. Avec un feutre noir indélébile, recolorez la tache minutieusement. Versez 3 gouttes d'huile d'olive sur l'ex-tache et faites pénétrer en massant avec vos doigts.

Peau sèche

Bonne pioche, vous avez retrouvé vos gants de l'hiver dernier tout bien comme vous les aviez rangés, dans leur feutrine. Mauvaise pioche, l'été n'a pas été tendre avec eux et le cuir est tout sec, comme craquant. Versez quelques gouttes (tout dépend de la taille des mains) d'huile d'amandes douces dans le creux de votre main, puis frottez vos mains comme pour les laver. Quand l'huile est bien répartie, enfilez vos gants et massez vos mains. L'huile va pénétrer le cuir et l'assouplir. Si une fois ne suffit pas, recommencez l'opération.

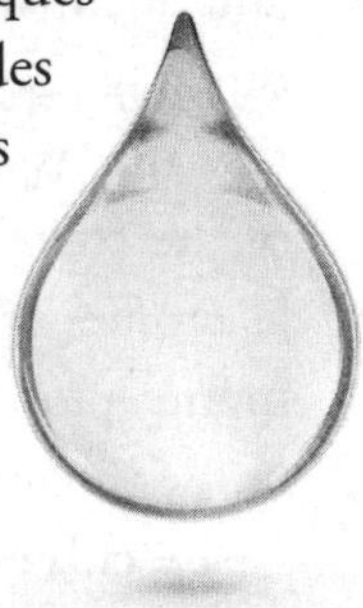

Tache de graisse

Pas de chance, ça arrive juste quand vous n'avez plus de terre de Sommières ! Une belle tache de gras sur le dessus du gant ! Vous pouvez être sauvé par du talc ou... de la Maïzena. Recouvrez largement la tache avec, puis laissez poser toute la nuit. Brossez délicatement.

Jupe en cuir douce comme un agneau

Pas d'astuce de grand-mère à vous délivrer concernant les jupes et pantalons en cuir Mamie n'était ni motarde ni catwoman (à ma connaissance). N'allez pas vous précipiter pour autant sur n'importe quel produit (par exemple du cirage pour chaussures acheté en grande surface qui asphyxie le cuir à coups de silicones) : on ne traite pas de l'agneau plongé comme de la croûte de cuir, et une jupe ou un pantalon mérite plus de délicatesse qu'un sac, une veste ou des chaussures.

Le cuir : le zéro risque consiste à prévenir les attaques. Procurez-vous un spray antitaches (ou imperméabilisant) chez un spécialiste du cuir et « brumisez » largement le vêtement, même s'il n'est pas neuf. Trop tard ? vous avez fait une « belle » tache de gras ? Filez vite en page 92 pour en faire un mauvais souvenir.

La doublure : l'exercice n'est pas forcément simple, selon les coutures, mais il reste indispensable, question d'hygiène. Retournez le pantalon ou la jupe sur l'envers et lavez la doublure à l'eau tiède et au savon de Marseille. Rincez à l'eau tiède, tamponnez avec une serviette éponge, puis laissez sécher loin d'une source de chaleur (radiateur, soleil) toujours sur l'envers.

Jeans toniques

Vous adorez sa belle couleur travaillée au « stone washed », vous aimeriez bien en profiter longtemps. Avant même de laver votre jean pour la première fois, faites-le tremper dans de l'eau froide très salée (la moitié d'un paquet de gros sel, soit 250 g) 4 à 5 heures. Lavez-le ensuite à la machine, en n'oubliant pas de le mettre sur l'envers. Malgré tous vos soins, un jour viendra où il sera tout décoloré : si vous tenez à lui redonner un petit coup de neuf, lavez-le en machine avec le dernier jean que vous avez acheté, il lui communiquera un peu de sa couleur.

Lacets ébouriffés

Enfiler des lacets dont les extrémités ressemblent à de l'étoupe est un excellent exercice de précision, mais qui peut vite conduire au « *burn out* » si on est pressé. Voici quatre astuces, toutes aussi efficaces les unes que les autres : choisissez celle qui vous convient selon le temps et les matériaux dont vous disposez.

1. Humidifiez votre pouce et votre index saisissez les fils d'un lacet pour les rassembler. Trempez le bout du lacet dans un flacon de vernis à ongles incolore. Laissez sécher. Même chose pour les autres extrémités.
2. Emprisonnez les fils dans du Scotch.
3. Brûler l'extrémité effilochée en restant vigilant : selon la matière, le feu peut se propager (procédez au-dessus de l'évier).
4. Allumez une bougie, faites couler de la cire dans une soucoupe (une capsule, sur un morceau de papier-alu…). Plongez l'extrémité d'un lacet dans la cire en tournant bien pour qu'elle adhère tout autour. Laissez sécher, passez à l'autre extrémité…

Lainages noirs pâlots

Comment redonner du nerf à ce noir défraîchi ? Lorsque vous cuisinez des épinards, conservez leur eau de cuisson et utilisez-la pour laver le lainage (pas bouillante, c'est de la laine !).

Antisèche lavage : la bonne température

90 °C : les tissus en coton (torchons, serviettes de bain, sous-vêtements, etc.) et en lin blancs ou « grand teint » (voir « Déteindra ou déteindra pas », p. 107). La literie (draps, taie...) d'une personne malade : à 90°, les bactéries sont éliminées.

60 °C : les tissus de couleur résistants et très sales, les fibres mélangées. À cette température, acariens et autres allergènes sont détruits.

40 °C : les tissus qui ne sont pas « grand teint », mais très sales (groupez les couleurs), les synthétiques. Dans le doute, sachez que c'est la bonne température pour tout le linge non délicat et pas trop sale.

30 °C ou froid : la laine, les couleurs (foncées et vives) qui déteignent, le linge délicat ou peu sale.

Laine

Lavage à la main, mode d'emploi

De l'eau tiède, une lessive spéciale linge délicat, et c'est parti ! La règle de base est que l'eau de lavage et l'eau de rinçage doivent être à une température similaire et pas chaude (deux accélérateurs de feutrage). Donc remplissez le lavabo d'eau tiède, versez un peu de lessive. Si vous n'avez que de la lessive pour machine, il est préférable d'utiliser du liquide-vaisselle, moins agressif pour la laine. Immergez le lainage en le pressant délicatement, tournez-le sur lui-même, mais ne frottez pas une partie du pull sur une autre énergiquement comme vous le feriez pour un tissu plus solide. Laissez-le baigner pendant une dizaine de minutes, puis videz l'eau sale, remplacez-la par une eau tiède, propre et additionnée de quelques gouttes d'adoucissant. Rincez deux fois si nécessaire mais pas plus. Pressez-le pour ôter le surplus d'eau puis roulez-le dans une serviette de bain. Faites-le sécher à plat, en étirant un peu les manches. Si un coup de fer à repasser est nécessaire, le port de la pattemouille est obligatoire; température douce, position vapeur. Spécial paresseux: le nettoyage à sec fonctionne très bien…

Produit de beauté pour lainages: la recette

Dans un bocal à large ouverture, versez:

- 220 g de savon de Marseille en paillettes;
- 12 cl d'alcool à brûler;
- 2,5 ml d'huile essentielle d'eucalyptus (environ 50 gouttes, ou ½ cuillère à café).

→

Mélangez bien.

Remplissez le lavabo (évier, bassine) avec de l'eau tiède (environ 5 litres), ajoutez 2 cuillères à soupe du mélange. Pressez la laine gentiment pour la débarrasser de ses salissures, en insistant sur les dessous-de-bras et le col. Ne laissez pas tremper : rincer une ou deux fois, pas plus.

Lavage en machine, mode d'emploi

Pas de programme laine sur votre machine ? Enfermez vos pulls dans un sac en filet pour sous-vêtements et lancez un programme à 30 °C. Ne gâchez pas tout en les mettant au sèche-linge ! Roulez-les dans une serviette de bain pour enlever l'excédent d'eau, puis faites-les sécher à plat pour qu'ils ne déforment pas.

Lessive liquide, en poudre ou en tablettes : le match

La lessive en poudre remporte trois victoires sur ses homologues liquides ou en tablettes : elle pollue moins, car embarque moins d'agents détergents de synthèse, provoque moins de réactions allergiques et est bien moins chère à l'achat. Mais pas forcément plus économique au bout du compte, car on a tendance à en rajouter.

→

Les tablettes sont indéniablement plus pratiques ! Pas de surdose, donc pas de gâchis (pour notre porte-monnaie et la planète). Compressées, lorsqu'elles se dissolvent, elles libèrent une myriade de bulles qui les rendent très efficaces, surtout à haute température. Revers de la médaille : elles n'ont pas toujours le temps de se dissoudre efficacement en cycle court de lavage et peuvent alors laisser des traînées blanches sur le linge.

La lessive liquide est la plus efficace à basse température grâce à sa dissolution immédiate. Contrairement à ses deux adversaires, elle n'embarque pas d'agents blanchissants : un avantage pour le linge de couleur, mais de la grisaille en perspective pour le blanc.

Et la gagnante est...

... celle que vous élirez, selon vos priorités. À moins de les utiliser toutes, chacune pour ses qualités : une lessive en poudre pour le blanc et les cycles longs ; des tablettes pour emporter en déplacement ou en vacances, et une lessive liquide pour le linge délicat (et de bébé) et, d'une manière générale, pour des cycles courts.

Lingette perso

Au moment de passer votre lessive au sèche-linge, sélectionnez une chaussette ou un gant de toilette. Appliquez dessus quelques gouttes de votre parfum, roulez-la (ou le) en boule et joignez-le au reste du linge. Ça sera votre petit secret, un linge à votre odeur et à celle de personne d'autre ! Si Chaton n'est pas d'accord pour que vous fassiez subir le même traitement à ses chemises et tee-shirts, pas de souci : remplacez votre parfum par 5 gouttes d'huile essentielle de lavande, ou de romarin.

Linge sale prélavé

À mesure que le linge sale s'amoncelle dans le panier, saupoudrez-le avec du bicarbonate : une couche de linge sale, une légère couche de bicarbonate, linge sale... Que vous laviez ensuite votre linge à la main ou en machine, le bénéfice est le même : le bicarbonate va renforcer l'action de votre lessive tout en l'assainissant. Cerise sur le panier à linge, le bicarbonate est un expert ès mauvaises odeurs, il les absorbe toutes.

Lingerie fine en salade

Zéro machines : vous avez lavé votre lingerie délicate à la main et elle ne sera jamais sèche à temps ! Hop ! trois petits tours dans l'essoreuse à salade devraient accélérer les choses sans brusquer le tissu.

Lingerie immaculée

Quand les dessous sont en coton, on sait quoi faire pour en profiter longtemps et les garder bien blancs : SOS eau de Javel. Mais quand ils sont en nylon, c'est une autre affaire… Dans la dernière eau de rinçage, ajoutez 1 cuillère à café d'eau oxygénée stabilisée à 10 volumes. Ne rincez pas.

Marques de pinces à linge

Pas le temps de passer un coup de fer sur votre sweat-shirt, tant pis. Mais quand vous voyez votre reflet dans une vitrine, vous regrettez amèrement : pour le faire sécher sur le fil, deux

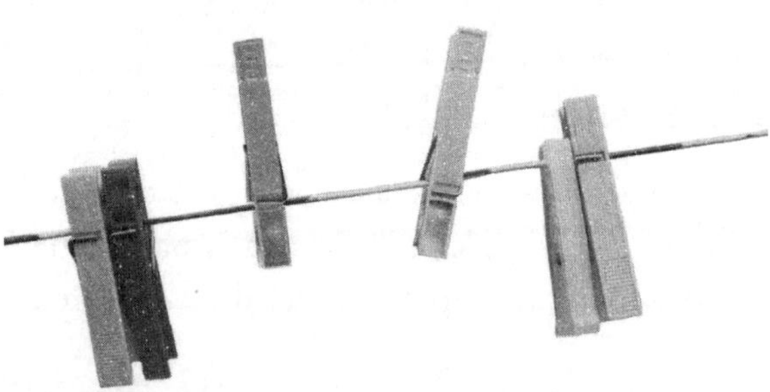

pinces à linge (au moins) ont été nécessaires et leur souvenir est encore présent. Vos épaules sont agrémentées de deux petites pointes comiques, façon épaulettes des années soixante-dix. Et votre torse arbore une autre marque de pince à linge, comme un troisième téton... trop chic! La prochaine fois, enfilez un vieux collant dans les manches du sweat et attachez les pinces à linge au collant, vous éviterez le ridicule et ne détendrez pas les mailles de votre sweat.

Noir c'est noir

C'est un geste qui doit devenir un réflexe : lorsque vous lavez vos jeans, tee-shirts, sweat-shirts, robe et n'importe quel autre vêtement, pensez à verser du vinaigre blanc dans la dernière eau de rinçage. Le vinaigre fixe les couleurs : non seulement le noir ne dégorgera pas sur les autres vêtements, mais il n'éclaircira pas. Lavage à la main, versez ½ verre de vinaigre blanc pour 5 litres d'eau au moment du rinçage ; à la machine, même quantité de vinaigre, à verser dans le compartiment réservé à l'adoucissant. En prime, le grand pouvoir détartrant du vinaigre va s'occuper de la tuyauterie de la maison.

Nylon, synthétique, électriques

Si vous ne tenez pas à ressembler à la chanteuse Desireless en ôtant vos sous-vêtements synthétiques, il faut les décharger de leur électricité statique. Frottez un objet métallique sur vos dessous (un cintre, des clés, etc.).

Odeurs dénichées

Même propre, votre linge garde une petite odeur pas très nette… Peut-être avez-vous tardé à le sortir de la machine pour le faire sécher ? Auquel cas, inutile d'insister, seul un nouveau programme de machine le débarrassera de l'odeur. La cuve de la machine en est peut-être responsable ? Ah ! Nous avons la solution : ajoutez 1 cuillère à soupe de bicarbonate à votre lessive habituelle (dans le compartiment lessive, si vous utilisez des galets ou une boule ; sinon, avec l'assouplissant) : non seulement il absorbe les odeurs, mais il combat la moisissure, peut-être à l'origine de l'odeur. Du coup, c'est tout votre linge qui s'en portera mieux et pour plus longtemps.

Paniers persos

Oui au tri sélectif… du linge ! Un panier pour le blanc, un autre pour la couleur et vous voilà à l'abri des accidents de lavage.

Polyester

Lavage, mode d'emploi

Trévira, Tergal, Dacron… le polyester a une foule de petits noms. Il fait partie de ces tissus « modernes » (comme disait grand-mère) qui sont souples et doux au toucher, ne se froissent pas et sont très solides. Il se lave très bien en machine, à 40° (pas plus, à haute température, le polyester se chiffonne et peut rester comme ça). Un conseil, mettez le vêtement sur l'envers pour le laver, il s'accroche facilement à un ongle mal limé, par exemple, et s'il doit boulocher, ça sera côté caché. Il n'est pas contre le sèche-linge, mais il vaut mieux en sortir le vêtement dès qu'il est sec : s'il stagne, il se charge d'électricité statique. Si vous tenez vraiment à le repasser, utilisez une température basse, comme pour la soie. À noter que le polyamide et l'acrylique s'entretiennent comme le polyester, mais l'acrylique est privé de sèche-linge.

Pulls éternels

On a tous des petits pulls de laine élevés au rang de Doudous Suprêmes ; de ceux qu'on veut garder longtemps sans qu'ils ressemblent à de vieilles serpillières. Pull longévité, mode d'emploi :

Pull en angora

Tout doux, mais avec la fâcheuse habitude de perdre ses poils, le pull angora supporte très bien le lavage à la main. Pas de violence, l'utilisation d'un shampoing pour bébé sera parfaitement adaptée (voir « Pull en laine », p. 126). Une fois de temps en temps, offrez-lui un nettoyage à sec pour le revigorer. Si vous n'en pouvez plus de vous grattez le nez toute la journée lorsque vous le portez, mettez-le au frais : enveloppez-le dans un sac en plastique et direction le réfrigérateur pour un séjour de 4 jours. Le froid fixera les poils et l'électricité statique collera les poils baladeurs contre le plastique : une fois sorti du sac et brossé gentiment, votre angora sera bien plus fréquentable. Une dernière astuce indispensable quand on aime l'angora : son poil est très « communicatif », débarrasser une veste ou tout autre vêtement des poils attrapés à son contact est un vrai boulot. Pour faciliter les choses, emmaillotez une brosse (à cheveux, à habit…) dans un collant, passez-la légèrement sous l'eau et frottez le vêtement avec. Magique, elle emporte tous les poils sur son passage.

Pull bouloché

Même punition pour vos pulls boulochés que pour votre doudou en angora : un petit passage au frais après leur avoir donné un coup de brosse à habits souple limite la propagation. Mais avec le temps, cela ne va pas s'arranger… Une fois de temps en temps, étalez le pull bien à plat et passez un rasoir à main sur la surface pour éliminer les bouloches. Vous pouvez aussi vous procurer un « rasoir déboulocheur », bien plus facile à manier et avec réservoir !

Pull en laine

D'une façon générale, vos pulls vous côtoieront longtemps encore si vous les lavez à la main. Les programmes « laine » en machine sont très bien adaptés (et font gagner un temps fou), mais usent un peu plus les fibres. C'est plus long et plus fastidieux, mais la récompense est à ce prix : des pulls soyeux, qui ne rétrécissent ni ne s'agrandissent intempestivement. Remplissez le lavabo d'eau tiède, versez une dose de shampoing pour bébé, agitez l'eau pour mélanger. Plongez le pull dans l'eau et laissez-le tremper une dizaine de minutes. Pressez-le, les manches, le col, fermement mais sans tordre, puis videz le lavabo. Renouvelez l'eau tiède, pressez le pull pour le rincer. Si vous avez de l'ammoniaque parmi vos produits d'entretien, versez-en quelques gouttes dans l'eau de rinçage, de quoi apporter du moelleux. Sortez-le de l'eau, laissez-le s'égoutter un peu sans l'essorer, puis posez-le à plat sur une serviette de toilette. Roulez la serviette pour absorber le surplus d'eau, puis faites sécher le pull à plat en étirant un peu les manches.

Pull feutré

C'est ce qui arrive lorsqu'on lave et rince son pull à des températures différentes ! Ou à une température trop élevée. Toutes ces explications ne devraient pas attendrir Chaton, qui tient à son pull comme à la prunelle de ses yeux… Filez à la pharmacie vous procurer de la glycérine. Remplissez le lavabo d'eau froide, versez-y 2 cuillères à soupe de glycérine. Trempez le pull pendant 20 minutes, puis faites sécher à plat. Avec un peu de chance, Chaton sera bluffé par le nouveau moelleux de son pull : le deuxième « effet kiss cool » de la glycérine.

Pull mohair

Aussi facétieux que l'angora, le mohair semble s'employer à nous agacer les narines avec ses poils volants. Et il peluche assez volontiers là où il y a frottement, sous les aisselles, par exemple. Enfilez votre pull, fermez les yeux et vaporisez bien partout de la laque pour cheveux : de quoi dompter les poils (de chèvre !) rebelles.

Pull rétréci

Oui, vous y êtes allé un peu fort sur le niveau d'essorage… Deux solutions, maintenant :

vous offrez ce pull à votre petite-nièce ou… vous tentez cette astuce. Remplissez le lavabo d'eau tiède, puis versez 2 bouchons d'après-shampoing. Laissez tremper le pull pendant 3 heures au minimum. Ne rincez pas, roulez-le dans une serviette de toilette puis étalez-le à plat pour le faire sécher, en étirant doucement mais à plusieurs reprises durant le séchage sur les manches et le corps du pull.

Rayonne

Lavage, mode d'emploi

La rayonne, alias « soie artificielle », alias « viscose » se décline aujourd'hui sous différentes formes. Tantôt proche du coton, tantôt évoquant la laine selon la méthode de fabrication employée, c'est une matière synthétique très confortable. Premier réflexe : se référer à l'étiquette puisqu'il existe différents types de rayonne, qui ne demandent pas le même entretien. Le lavage à la main est souvent préférable. Eau tiède ou froide, lessive lambda, mais surtout pas d'essorage où l'on tord le tissu ! Secouez le vêtement pour le défroisser, ou lissez-le de la main, puis faites-le sécher à plat si c'est un pull, sinon sur un cintre. En machine, mettez le vêtement sur l'envers, optez pour un programme délicat et n'utilisez jamais d'eau de Javel. Pour un fini parfait, donnez un petit coup de fer doux sur l'envers du vêtement encore humide.

Reconnaître un tissu : l'épreuve du feu

Riche idée d'avoir découpé les étiquettes, ça ne gratte plus ! Mais les précieuses informations sur la nature du tissu sont parties avec. Pour reconnaître la composition d'un tissu, mettez le vêtement sur l'envers et cherchez des fils qui dépassent, de l'ourlet ou des coutures en général. Tirez-en quelques-uns et faites-les brûler. Si votre jugement ne vous semble pas infaillible, entretenez le vêtement selon les règles régissant le tissu le plus fragile.

- Le coton flambe rapidement, sans fumée ni odeur.
- La laine se consume lentement, grésille, et dégage une odeur de cochon grillé.
- La soie se consume lentement et dégage une odeur de corne brûlée.
- La rayonne brûle en laissant une odeur de papier brûlé.
- Le synthétique s'enflamme très vite et semble fondre.

Redonner leur forme aux lainages

Un lainage fraîchement lavé se déforme et si on ne profite pas de sa souplesse à ce moment précis, il est difficile, une fois sec, de lui faire reprendre sa forme qui nous allait si bien. Faites-vous un modèle, qui vous indiquera s'il faut étirer cette manche, faire bâiller ce col en tirant un peu dessus, bref, qui vous guidera. Avant de laver votre lainage (pull, gants, bonnet…), posez-le à plat sur un morceau de plastique. Avec un stylo-bille, tracez le contour de votre lainage. Une fois qu'il sera lavé, appliquez le lainage encore humide sur votre « modèle » et étirez-le si besoin pour qu'il retrouve sa forme.

Repassage

Broderies repulpées

Mettez la pièce brodée sur l'envers, à plat sur une serviette éponge. Posez une pattemouille (un tissu propre humidifié, c'est la dernière fois qu'on vous le répète) et repassez au fer chaud. Le moelleux de la serviette permettra aux motifs de retrouver un relief souple, sans faux plis.

Brûlure de fer à repasser

En pleine saison 9 de *Grey's Anatomy* sur fond de repassage, une légère odeur de roussi monte à vos narines... On garde son calme et on file chercher un citron dans la coupe à fruits ; si vous agissez vite, vous avez une chance de récupérer votre vêtement. Imbibez la partie tachée de jus de citron, laissez agir 10 bonnes minutes, rincez à l'eau chaude, puis laissez sécher. Si vous avez préféré regarder votre feuilleton, le roussi s'est installé, il va falloir agir en profondeur : dans un bol, versez 1 cuillère à soupe de sel fin, 1 cuillère à soupe de vinaigre blanc et 1 cuillère à soupe de savon de Marseille en paillettes ou en copeaux. Mélangez jusqu'à obtenir une pâte. Étalez la pâte en couche épaisse sur le brûlé. Laissez agir 15 minutes, puis rincez abondamment à l'eau.

Ça fait pas un pli

Les grands-pères aussi ont leurs trucs et astuces ! Le plus connu ? En voyage et sans fer à repasser sous la main, glissez votre pantalon pli sur pli et bien lissé entre le matelas et le sommier de votre lit pour une bonne nuit de sommeil : au matin, bien malin celui qui verra la différence avec un pli repassé de frais.

Chemise détendue

Sortir la planche à repasser, brancher le fer… pas le temps ! Avant de filer sous la douche, suspendez votre chemise sur un cintre, dans la salle de bains, à proximité de la douche. La vapeur va détendre les fibres, tandis que le poids de la chemise va tendre le tissu et aplanir les plis.

Un fer à repasser nickel

Le repassage n'est pas une partie de plaisir pour tout le monde. Mais quand, en plus, le fer crachote et défigure notre linge tout propre à coups de traînées noirâtres, c'est pas du jeu !

Nettoyage de la semelle : un problème, deux solutions

Solution bio. Coupez un citron jaune en deux. Sur une des moitiés, versez du sel fin puis frottez tout le dessous du fer (froid et non branché) avec. Passez une éponge propre humidifiée pour enlever les résidus de pulpe et de sel. Séchez avec un chiffon propre.

ou

Solution Mémé. Branchez le fer, position chaud mais pas trop, puis frottez la semelle avec un savon de Marseille sec, en insistant s'il y a des traces noirâtres. Débranchez, et quand le fer est froid, faites une boule de papier journal avec laquelle vous allez frotter vigoureusement la semelle.

→

Détartrage : opération mensuelle

Avant toute intervention, vérifiez que votre fer n'est pas équipé d'un système antitartre : le traitement pourrait alors être pire que le mal, et vous perdriez la garantie de votre fer dans la foulée. Si ce n'est pas le cas, ou si le système antitartre n'est plus qu'un souvenir, n'hésitez pas. Fer débranché, remplissez le réservoir avec du vinaigre blanc pur. Branchez le fer, position vapeur, puis actionnez le bouton vapeur, sur une vielle serviette éponge, par exemple, jusqu'à évaporation complète du vinaigre. Remplissez à nouveau le réservoir, mais avec de l'eau, cette fois et recommencez l'opération.

Faux plis refroidis

Quand ils se sont bien ancrés dans le tissu, dur, dur de faire disparaître les faux plis, même à coups de vapeur. Direction le frigo pour prélever un glaçon. Appliquez le glaçon sur le pli et tout de suite après passez le fer très chaud (attention aux limites du tissu). Il faudra recommencer deux ou trois fois, mais le succès est garanti.

Un geste de pro à retenir : pour éviter que des faux plis viennent gâcher le repassage après coup, brossez le vêtement fraîchement repassé avec une brosse douce, afin de répartir la vapeur. Ensuite, pliez ou suspendez le vêtement comme d'habitude.

Jean sans fer

Sortez votre jean de la machine à laver, mettez-le à plat puis rabattez une jambe sur l'autre. Lissez avec votre main. Saisissez le bas des jambes du jean et roulez très serré jusqu'à la ceinture. Placez-le près d'une source de chaleur sans le dérouler. Sec, il ne sera pas aussi net qu'après un repassage, mais il n'y aura aucun pli.

Privés de repassage

Attention ! Il ne faut jamais, ô grand jamais, repasser un vêtement taché ! La chaleur du fer fixe définitivement la tache dans les fibres.

Repassage fabuleux

D'un côté du ring : une montagne de linge à repasser bien sec. De l'autre : vos pauvres bras déjà vaincus par le travail de force qui les attend. Ne vous laissez pas abattre ! Dans un flacon spray d'une capacité de 1 litre, versez 10 cl de produit adoucissant pour linge et complétez avec de l'eau (déminéralisée, c'est encore mieux). Secouez énergiquement, puis pulvérisez cette lotion sur

le linge, dessus dessous. Un coup de fer : votre linge est dompté, le fer glisse sans résistance… Alors, c'est qui le plus fort ?

Sacs à main longue vie

Un sac miroir

Si le sac est en cuir vernis, c'est un oignon qu'il faudra réquisitionner ! Coupez l'oignon en deux, puis passez la partie plate (et sans épluchure) sur la totalité du sac. Laissez sécher, puis polissez avec un chiffon sec et propre.

Un sac bien nourri

De temps en temps, il faut nourrir la bête pour qu'elle reste alerte et ne vieillisse pas prématurément. Versez quelques gouttes d'huile d'olive sur un chiffon fin et propre, puis passez-le sur le sac en cuir. Faites briller ensuite avec un chiffon sec et doux.

Un sac tout nœuf

Sacs en cuir, trousse de toilettes, portefeuille et ceinture s'encrassent et se ternissent, à force d'être manipulés. Cette astuce donne un résultat spectaculaire. Séparez le jaune et le blanc d'un œuf, puis battez le blanc (à la fourchette ou au batteur électrique) en neige. Pressez-y le jus de 1 citron et mélangez sans aplatir la mousse. Prélevez un peu du mélange sur un chiffon propre et étalez-en sur le sac. Laissez sécher puis lustrez énergiquement avec un chiffon en laine (par exemple, une chaussette orpheline : et une de moins !).

Un sac waterploof

En cuir

Idéal pour imperméabiliser un sac (trousse de toilette, portefeuille, ceinture…) en cuir : 1 dose d'huile d'olive, 1 dose d'huile de coude. Versez l'équivalent d'1 cuillère à café (ou à soupe, selon l'objet) d'huile d'olive sur un chiffon doux (genre coton), puis faites bien pénétrer uniformément de façon à avoir une même teinte partout. Pour une finition parfaite, attendez le lendemain pour cirer.

En toile

Avant même de l'arborer fièrement avec les chaussures assorties, pulvérisez une bonne couche de produit imperméabilisant pour chaussures : vous vivrez ensemble une histoire sans taches.

Satin

Lavage, mode d'emploi

Main délicate et, surtout, interdiction d'essorer ! À la main, lavez à l'eau tiède et rincez de même, en ajoutant 1 cuillère à soupe de vinaigre blanc pour 2 litres d'eau au dernier rinçage. Pressez délicatement le vêtement dans une serviette éponge, laissez sécher à plat. Repassez encore humide, ou avec une pattemouille. À la machine, programme « linge délicat » et zéro essorage.

Séchage

Turbo

Avant de mettre le linge dans le sèche-linge, secouez chaque vêtement individuellement, vite fait. Du temps perdu ? Non, du temps de séchage gagné : défroissé, le linge sèche plus vite.

Séchage sur corde à linge, mode d'emploi

- **Chaussettes, slips, collants**... les petits vêtements prennent de la place sur la corde à linge ou le tancarville : regroupez-les en les suspendant sur un cintre à plusieurs barres.
- **Les jupes** seront suspendues par la taille pour éviter les faux plis. Idem pour une jupe plissée,

avec en prime une pince à linge fixée dans le bas de chaque pli (ce qui vous dispensera de repassage).

- **Tee-shirts, pulls, tuniques…** si vous n'avez pas assez de cintres pour suspendre ce petit monde, fixez les pinces à linge sous les bras, pour camoufler les marques qu'elles laissent.
- **Pantalons :** suspendus ou étalés, faites-les sécher sur l'envers du tissu et sortez les poches, nids à humidité.
- **Linge de couleur ou foncé :** en extérieur, il vaut mieux le faire sécher à l'ombre : le soleil affadit les couleurs.

Sèche-linge, mode d'emploi

- Inspection obligatoire avant de mettre le linge à sécher : si une tache a résisté au lavage, retour à la case machine à laver ! La chaleur du sèche-linge pourrait fixer la tache à tout jamais.
- Vérification des étiquettes : groupez les tissus compatibles pour choisir le bon cycle (coton, synthétiques, etc.) et mettez de côté les vêtements interdits de sèche-linge.
- Pas de surcharge, cela use inutilement le sèche-linge ET le linge. Mais pas de sous-charge non plus : si vous devez faire sécher un seul vêtement, ajoutez-lui deux ou trois serviettes de toi-

lette (même sèches). En prime, elles accéléreront l'absorption de l'humidité.

- Secouez le linge avant de l'enfourner.
- Fermez les boutons, les pressions, et boutonnez les manches des chemises avec une boutonnière du devant pour qu'elles ne s'emmêlent pas avec le reste du linge.
- Dès que le cycle de séchage est terminé, sortez le linge et pliez-le. Plus vous attendez, plus les faux plis s'immiscent.
- Nettoyez le filtre à fond toutes les 10 utilisations.

Soie

Lavage, mode d'emploi

Aucune erreur possible avec le nettoyage à sec : la soie n'apprécie pas les lessives musclées. Mais il y a soie et soie, et certaines s'adaptent très bien au lavage en machine sur un programme délicat. L'idéal serait un nettoyage à sec la première fois pour fixer la couleur, puis, si l'étiquette le confirme, des lavages d'entretien… à la main. Dans une belle quantité d'eau tiède, versez une dose de détergent très doux (de préférence liquide), plongez-y le vêtement en soie et, sans le tordre ni le frotter, pressez-le pour le laver. Ne le laissez jamais tremper : aussitôt lavé, rincez à l'eau claire et froide. Sans tarder, étendez-le sur une serviette de toilette de façon à éponger l'excédent d'eau. Le sèche-linge est l'ennemi juré de la soie, il la déforme et la froisse. Laissez sécher le vêtement sur un cintre ou à plat (à l'abri du soleil et loin du radiateur). Un petit coup de fer apportera un fini impeccable, à condition de ne pas utiliser la fonction vapeur, ni une pattemouille : mettez le vêtement sur l'envers et repassez à température douce. Gare aux coutures : main légère, car une pression trop accentuée du fer risque de les marquer et de les rendre visibles sur l'endroit. Eau de Javel bannie !

Soie jaunie

Il va falloir réveiller tout ça, sans risquer d'abîmer le tissu, donc pas d'eau de Javel. Remplissez le lavabo (évier, cuvette...) d'eau tiède, puis versez un filet d'ammoniaque et de l'eau oxygénée à 12 volumes (1 mesure d'eau oxygénée pour 4 mesures d'eau). Plongez le vêtement de soie jaunie dans le mélange et brassez le tout une demi-douzaine de minutes. Rincez soigneusement à l'eau claire et faites sécher sur un cintre ou à plat.

Un peu de tenue !

La soie, on l'aime aussi pour sa fluidité, mais quand elle se transforme en chiffon après 10 minutes de station assise on préférerait moins de fluidité et plus de tenue. Dans la dernière eau (froide) de rinçage, versez 1 cuillère à soupe de sucre (pour un chemisier), puis mettez à sécher comme d'habitude.

Soie éclaboussée

La soie a tendance à marquer pour un rien, même avec de l'eau ! Si vous faites une tache d'eau, saisissez le tissu de part et d'autre de la tache et frottez les deux morceaux de tissu l'un contre l'autre, là où se trouve la tache : zéro trace.

Soutiens-gorge : protection rapprochée

Bien les choisir est tout un art, on le sait, alors que bien les conserver est l'enfance de l'art, avec un peu de méthode. Nous vous donnons deux modes d'emploi de lavage qui conviennent à la plupart des tissus, mais souvenez-vous de la règle n° 1 en matière d'entretien des vêtements : se fier à l'étiquette !

Méthode « j'ai des soutiens-gorge de star » (alias « je veux le meilleur, même pour mes soutifs low cost »)

- Lavez-les un par un, à la main.
- Eau tiède (30° C maxi), les agrafes pour fermer le dos, le système de réglage des bretelles et les baleines en acier n'apprécient pas les hautes températures.
- Lessive pour linge délicat ou savon de Marseille (1 cuillère à soupe pour 5 litres d'eau) ; ne laissez pas tremper des heures, ça n'est bon ni pour le tissu ni pour les parties élastiques (ni pour les baleines en acier). Ne frottez pas, pressez le tissu : il vaut mieux recommencer l'opération de lavage dans une eau propre que de s'acharner.
- Il est conseillé d'avoir la main légère sur l'adoucissant (dommage...), qui à force s'in-

cruste dans les fibres, les « bouche » et empêche une bonne « ventilation ».

- Séchage sur cintre ou à plat sur serviette de toilette.
- Repassage au fer très doux.

Méthode « speedo » (alias « dans la vraie vie »)

- Avant de mettre vos soutiens-gorge dans la machine à laver, fermez l'attache du dos pour éviter qu'elle s'accroche dans le tissu et l'abîme.
- Groupez par coloris, cela vous permet de faire une machine commune pour vos soutiens-gorge et vos vêtements de même couleur.
- Emmaillotez les soutifs dans un sac en filet spécial lingerie ou, à défaut, dans une taie d'oreiller qui ferme.
- Enclenchez un programme court à 30° C, laine ou soie, essorage mini.
- Dans le compartiment réservé à l'adoucissant, versez 2 cuillères à soupe de vinaigre blanc : en détruisant le tartre, le vinaigre va rendre le tissu plus doux, mais il va aussi doper et fixer les couleurs, et assainir.
- Sèche-linge à très basse température dans le sac. Ou à l'air libre (plus un petit coup de séchoir

à cheveux sur la position la moins chaude et à bonne distance pour presser le mouvement).

Élasthanne (alias Spandex)

Lavage, mode d'emploi

Aux États-Unis, il est connu sous le nom de Spandex ; chez nous, on l'appelle plutôt du nom de sa marque commerciale : Lycra. Il s'immisce partout dans nos vêtements, pour leur donner de l'élasticité : jeans, collants, bas, maillots de bain, justaucorps, vêtements de ski, de cyclisme, etc. Cette fibre synthétique supporte très bien la machine à laver et peut être lavée à la main avec une lessive lambda. En revanche, elle craint l'eau de Javel. Le sèche-linge ne lui fait pas peur à basse température (cycle synthétique), ni le fer à repasser très doux, à condition de ne pas laisser le fer appliqué dessus, mais en procédant par touches rapides.

Taches : le best of

Tache de beurre

Raclez le tissu pour enlever le surplus sans l'étaler, avec un couteau, par exemple. Saupoudrez largement la tache de terre de Sommières (voir p. 77). Tapotez dessus pour qu'elle soit bien en contact avec le tissu. Laissez agir ½ heure. Brossez.

Sur des tissus naturels comme le coton ou la soie, le jus de citron chauffé se montre très efficace. Versez-le directement sur la tache, frottez un peu, lavez comme à l'habitude puis rincez.

Tache de bière

Agissez vite ! Mouillez largement la tache à l'eau froide ; s'il reste des traces, lavez le tissu à l'eau savonneuse.

Tache de boue

Attendez que ça sèche, puis brossez la tache vigoureusement. Préparez une eau savonneuse : dans 50 cl d'eau, versez 1 cuillère à soupe de savon de Marseille en paillettes et 1 cuillère à soupe de jus de citron. Mélangez. Trempez un linge propre dans le mélange, puis frottez la tache délicatement. Rincez à l'eau claire.

Premiers secours : les gestes qui sauvent

- Règle n° 1 : plus vite vous interviendrez, plus vous aurez de chances de remporter une victoire rapide sur la tache.
- Règle n° 2 : avant de détacher, raclez la tache avec la lame d'un couteau, ou absorbez le surplus avec un essuie-tout.
- Règle n° 3 : dans le doute sur la tactique à adopter pour nettoyer la tache, jamais d'eau chaude ! Une foule d'aliments et de matières cuisent à la chaleur de l'eau et se fixent définitivement dans les fibres.
- Règle n° 4 : quelle que soit la tache, au moment de la faire disparaître, placez un morceau de tissu (ou d'essuie-tout) propre et blanc sous le tissu à détacher.
- Règle n° 5 : sauf mode d'emploi contraire indiqué sur le produit détachant, tamponnez la tache, plutôt que de la frotter, et procédez de l'extérieur vers l'intérieur de la tache pour ne pas l'étaler davantage.
- Règle subsidiaire : avant d'appliquer un produit détachant, faites toujours un essai dans un coin à l'abri des regards (coutures, ourlet).

Tache de bougie

Raclez le surplus de bougie avec la lame d'un couteau. Placez un morceau d'essuie-tout sous le tissu taché et un autre sur la tache. Branchez le fer à repasser, position chaud, puis repassez le tout. Si une auréole subsiste, mettez de la terre de Sommières, laissez poser ½ heure, puis brossez énergiquement.

Tache de brûlé sur un tissu blanc

Versez de l'eau oxygénée 10 volumes sur un chiffon propre, puis tamponnez la tache avec.

Tache de café

Passez immédiatement le tissu sous l'eau froide en frottant. S'il reste une auréole ou des traces, frottez cette fois-ci avec un linge propre imbibé de vinaigre blanc. Rincez à l'eau froide.

Tache de cambouis

Versez quelques gouttes d'huile d'olive sur la tache de cambouis, frottez bien, sans déborder, à l'aide d'un chiffon propre. Raclez avec la lame d'un couteau pour enlever le surplus. Redéposez quelques gouttes d'huile d'olive jusqu'à ce que le cambouis ait disparu. Reste maintenant une tache de gras… que la terre de Sommières va littéralement avaler. Appliquez-en une bonne couche, laissez agir ½ heure, puis brossez énergiquement.

Tache de chewing-gum

Non seulement il est inutile de passer le tissu sous l'eau froide ou l'eau chaude, mais cela compliquerait l'affaire. À l'aide d'un glaçon, frottez l'envers du tissu, puis l'endroit : il faudra un peu insister, le but est de durcir le chewing-gum. Une fois durci par le froid, il se détache très facilement des fibres du tissu. Si la tache se résume à des traces de chewing-gum, faites appel à l'acétone pure.

Tache de chocolat

Passez le tissu sous l'eau froide, puis mettez-le à plat et grattez le chocolat avec la lame d'un couteau. Imbibez ensuite un linge propre d'alcool à brûler, puis frottez les traces délicatement. Rincez abondamment à l'eau bien froide.

Tache de cigarette

Trempez un linge propre dans du jus de citron, puis dans du bicarbonate. Frottez la brûlure en dessinant des cercles. Rincez.

Tache de cirage

Raclez avec la lame d'un couteau afin d'enlever le « gros ». Déposez une noix de beurre sur la tache, puis massez un peu. La terre de Sommières, spécialiste du gras, prendra le relais : saupoudrez-en la tache de beurre, laissez poser ½ heure, puis brossez consciencieusement.

Tache de Coca-Cola

Trempez un linge propre dans un mélange d'eau et d'alcool à 90° (50/50), puis tamponnez-en la tache. Procédez ensuite au lavage habituel.

Tache de colle

Il ne s'agit pas ici de colle blanche (qui disparaît après un bain d'eau chaude), mais de colle forte. Versez de l'acétone sur un chiffon propre, puis frottez consciencieusement les traces de colle. Pas d'acétone ? Un peu de dissolvant pour vernis à ongles peut vous sauver.

Tache de confiture

Enlevez le surplus de confiture si besoin avec la lame d'un couteau. Préparez un mélange d'eau et de vinaigre blanc (50/50), trempez-y un chiffon propre et frottez la tache avec.

Tache de déo

Avant de mettre le linge en machine, frottez directement les taches de déodorant avec un morceau de savon de Marseille.

Tache d'eau de Javel

Cette astuce ne fonctionne qui si vous intervenez immédiatement. Mais c'est déjà une très bonne nouvelle, car combien de vêtements de couleur ont été défigurés par une simple projection d'eau de Javel ! Versez tout de suite de l'alcool à brûler sur la tache d'eau de Javel.

Tache d'encre

Versez du jus de citron sur un chiffon propre et appliquez-le sur la tache. Laissez poser une dizaine de minutes, puis rincez le vêtement à l'eau froide.

Tache de feutre

Versez de l'alcool à 90° sur un morceau de coton, puis tamponnez la tache. Ça ne se fera pas en un clin d'œil ; il va falloir changer de coton autant de fois que nécessaire, tout en veillant à ne pas étaler l'encre. Vous en viendrez à bout à force de patience.

Tache de feutre fluo

Versez du lait dans un récipient assez grand pour accueillir la partie du vêtement tachée, puis laissez tremper toute la nuit. Lavez ensuite en machine selon la nature du tissu.

Tache de fond de teint

Imbibez un morceau de coton d'alcool à 90°, puis frottez la partie tachée avec.

Tache de fruits

Terribles, les taches de fruits ! Certaines ne se laisseront déloger que par les armes lourdes comme l'eau de Javel (à condition, en prime, que le tissu résiste au traitement : un tissu qui dégorge, par exemple, en restera marqué par la décoloration !) ; c'est le cas des taches de mûres, de cassis ou de myrtilles. Pour les autres fruits, rincez à l'eau froide le plus rapidement possible. Imbibez ensuite un chiffon propre d'alcool à 90° puis frottez la tache.

Tache de goudron

Même combat que pour les taches de cambouis : raclez le surplus de goudron avec la lame d'un couteau, puis déposez quelques gouttes d'huile d'olive (ou une noix de beurre). Massez du bout des doigts, raclez, tamponnez avec un chiffon propre. Quand il ne reste plus que la tache d'huile d'olive, saupoudrez largement de terre de Sommières. Laissez poser ½ heure puis brossez.

Tache d'herbe

Versez quelques gouttes de vinaigre blanc directement sur la tache d'herbe puis tamponnez avec un chiffon propre ou un morceau de coton. Laissez agir une dizaine de minutes puis passez en machine selon la nature du tissu. L'alcool à 90° sera tout aussi efficace que le vinaigre blanc, mais pas plus.

Tache de lait

Intervention expresse : lavez la tache de lait (ou tamponnez-la) à l'eau tiède additionnée de savon de Marseille. Vous laverez le vêtement en entier plus tard. S'il s'agit d'une tache ancienne, mieux vaut muscler l'intervention : imbibez un linge propre d'essence de térébenthine (ou d'alcool à 90°, mais vous devrez frotter davantage), puis frottez la tache jusqu'à disparition. Rincez.

Tache de mazout

Voir Goudron (p. 151).

Tache de mercurochrome

Comment se débarrasser de cette plaie ? Avec de l'alcool à 90° ! Versez-en sur un morceau de coton et frottez la tache en renouvelant le coton autant de fois que nécessaire. Sur un tissu blanc, l'eau oxygénée 20 volumes fera aussi place nette.

Tache de moisissures

Humidifiez un chiffon propre, trempez-le dans du bicarbonate de soude, puis frottez les taches. Recommencez si besoin. Ensuite, faites tremper le vêtement dans une eau vinaigrée (10 mesures d'eau pour 1 mesure de vinaigre) quelques minutes, puis passez-le en machine comme à l'accoutumée.

Tache d'œuf

Raclez avec la lame d'un couteau pour enlever le surplus, puis trempez la partie tachée du vêtement dans de l'eau froide additionnée du jus de 1 citron. Laissez agir une dizaine de minutes, rincez.

Tache de peinture

Fraîche, la peinture à l'eau s'enlève sans souci avec un chiffon propre trempé dans de l'eau savonneuse. Quand elle est sèche, grattez un peu à l'ongle ou à la brosse à dents, puis imprégnez un chiffon propre d'alcool à brûler et frottez méthodiquement. Pour la peinture à l'huile, seul le white-spirit pourra prétendre en venir à bout : avant tout, faites un essai sur le tissu, dans un coin à l'abri des regards, pour vous assurer qu'il supportera ce traitement de choc. Ensuite, versez du white-spirit sur un linge propre et frottez la tache jusqu'à disparition.

Tache de résine

Encore plus rebelle que la peinture à l'huile, la résine ne résistera pas à une attaque de térébenthine ; si le tissu semble trop fragile, utilisez de l'alcool à 90°. Dans les deux cas, versez un peu de produit détachant sur un linge propre et frottez la tache.

Tache de rouge à lèvres

L'idée étant de dissoudre le corps gras, deux solutions sont possibles : soit utiliser de l'eau vinaigrée, soit du lait démaquillant. Dans le premier cas, préparez un mélange d'eau et de vinaigre blanc (50/50), trempez-y un linge propre et frottez la tache de rouge à lèvres jusqu'à disparition. Dans le second cas, massez la tache avec du lait démaquillant. Retirez le surplus avec la lame d'un couteau, puis saupoudrez la trace de terre de Sommières ; laissez poser une dizaine de minutes puis brossez.

Tache de rouille

Recouvrez la tache d'une couche bien épaisse de bicarbonate. Arrosez le tout avec du jus de citron : ça mousse pas mal, c'est impressionnant, mais rien à craindre pour le tissu. Laissez poser environ 4 heures, puis rincez le vêtement à l'eau claire. Procédez à un lavage.

Tache de sang

Attention ! N'allez surtout pas vous ruer sur l'eau chaude, elle ferait tout simplement cuire le sang, qui s'enchevêtrerait alors dans les fibres pour toujours. Précipitez-vous plutôt sur l'eau froide, sans rien ajouter, et frottez.

Si la tache est ancienne, imbibez un morceau de coton de vinaigre blanc pur, puis tamponnez la tache sans relâche. En panne de vinaigre blanc ? Faites fondre 2 cachets d'aspirine effervescents dans ½ verre d'eau, trempez un morceau de coton dans le verre, essorez un peu et frottez la tache.

Tache de sueur

Si la tache n'est pas ancrée, mais récente, versez le jus de ½ citron dans un verre d'eau, trempez-y un linge propre et tamponnez la tache en l'imbibant bien du mélange. Laissez agir une vingtaine de minutes et lavez en machine sur le programme adapté au tissu. Si vous n'avez pas pu intervenir rapidement et que la sueur a décoloré le tissu, préparez cette pâte : dans un bol, pressez le jus de ½ citron, ajoutez 1 cuillère à café de bicarbonate, mélangez. Prélevez un peu de cette pâte avec une brosse (à dents, à ongles…) et brossez les auréoles en formant des cercles. Laissez agir une vingtaine de minutes puis procédez au lavage habituel. D'une manière générale, pour rebooster les couleurs affadies par la sueur, baignez le vêtement dans une eau vinaigrée (moitié vinaigre, moitié eau), quelques heures.

Tache de vin rouge

Encore une fois, pas d'eau chaude ! Mais lavez le plus rapidement possible à l'eau froide. Si vous ne pouvez pas vous éclipser pour réparer le mal, agissez plus tard, à sec : avant de mettre le vêtement à la machine à laver, frottez la tache de vin avec un morceau de savon de Marseille sec.

Tissu lustré

Avec l'usure, les frottements, certaines parties des vêtements deviennent brillantes : on dit que le tissu est lustré. Les coudes de veste, les fonds de pantalons, l'intérieur des genoux de pantalon... tous sont au premier rang de cette menace. Préparez un mélange d'eau et de vinaigre blanc à parts égales. Trempez un linge propre dans le mélange, essorez-le bien, puis appliquez-le sur le tissu lustré. Passez le fer chaud sur le linge jusqu'à ce qu'il soit sec. Recommencez une seconde fois l'opération trempage, essorage, repassage...

Tissu noir... foncé

Il existe aujourd'hui des lessives dédiées aux vêtements noirs. Il existe aussi une astuce pour conserver le plus longtemps possible un noir profond, sans avoir recours à un produit spécifique. On n'a rien sans rien : il faut laver le vêtement en question à la main, et avec… du liquide-vaisselle. Les lessives pour le linge embarquent en effet des agents blanchissants qui finissent par délaver le noir le plus costaud.

Velcro mignon

On a tous passé de (trop) longues minutes à retirer toutes les petites bouloches incrustées dans les bandes Velcro de nos blousons, chaussures et autres. Alors qu'une simple brosse à dents fait ça tellement bien !

Vêtement élimé

Le bord des manches usé, qui s'effiloche… ça sent la fin pour cette petite veste adorée. Avant de la sacrifier, appliquez du vernis à ongles incolore sur les parties râpées pour en profiter encore un peu.

CHAPITRE 4

Organiser (mon dressing toujours impec)

Quand on sera grande, on aura un dressing, un vrai, avec vue panoramique sur ses chaussures, espace vestes, miroirs incorporés façon showroom et mille et un accessoires design. En attendant (ou pour transformer le sien en dressing de star), place aux petits aménagements malins qui facilitent la vie ! Comment éclairer sa barre de penderie, improviser des rideaux camouflage, créer un distributeur de lingerie, gagner de la place, tout trouver tout de suite… Mais aussi tous les gestes malins pour profiter à plein et longtemps de ses vêtements et de ses chaussures : confectionner un antimites bio, des chaussettes anti-odeurs, comment ranger sans froisser, choisir le bon cintre, détendre des chaussures neuves…

L'espace

Filet à bagages

Mais où mettre ces sacs de voyages ? Ils prennent de la place, ne sont jamais de la même taille et finissent toujours au fond du placard, monopolisant un espace qui serait plus utile au quotidien ! Dans les hauteurs d'une armoire, au plafond de votre cave ou de votre garage, fixez un filet (par exemple de protection, 6 € les 6 m^2 en magasin de jardinage/bricolage) solidement, en laissant un peu de souplesse au filet : très pratique pour y glisser facilement tous les petits et moyens sacs de voyages.

Mur de cubes

Le montage de meubles est votre pire cauchemar ? Ou vos murs de béton restent sourds à vos besoins de fixer des étagères ? Montez un mur de cubes ! Il existe des cubes tout bêtes (et très abordables dans le célèbre magasin suédois) qui se juxtaposent, s'empilent et permettent de concocter des rangements pratiques et modulables. Pudeur oblige, vous pourrez fixer une tringle sur les cubes les plus hauts pour accueillir un joli rideau. Ou pas.

Pour faire bonnes mesures

La penderie : pour que les cintres prennent leurs aises, il faut compter 55 à 60 cm de profondeur.

Les étagères : 35 cm de profondeur, c'est parfait pour loger pulls et tee-shirts, mais l'écart entre deux étagères ne doit pas excéder 40 cm ; au-delà, les piles de pulls, sweats ou tee-shirts piquent du nez et s'écroulent.

La tringle : mieux vaut deux tringles qu'une seule ployant sous le poids des vêtements. Fixez par exemple une tringle à 95 cm du sol pour les vestes, gilets, chemises, chemisiers et une autre au-dessus pour les pantalons tailleurs, robes...

Les tiroirs : 12 cm, c'est le minimum syndical. Il est recommandé d'éviter d'en poser à plus d'1,30 m du sol, mais tout dépend de votre taille...

Petite surface

Quand on dispose de peu de place, on a tendance à multiplier les commodes, les petits meubles mignons, les armoires. C'est une erreur, il vaut mieux créer un grand espace de rangement pas trop profond, ouvert ou équipé de portes coulissantes, ou encore voilé par un rideau. À l'intérieur, des rayons réglables ou des éléments préfabriqués, ou encore de simples crémaillères qui vous permettront d'adapter vos éléments de rangement selon vos besoins.

Renfoncement mural

Cette espèce de niche formée dans un mur est une aubaine pour les pressés : placez un portant à roulettes dans l'alcôve (génial, le portant à roulettes : il accepte une flopée de cintres, mais aussi des casiers où ranger chaussures, tee-shirts, pulls, etc. !). Pour dissimuler vos rangements malins, fixez un rideau de la couleur du mur pour un effet caméléon, ou au contraire de la couleur de la couette ou d'un meuble pour faire un rappel. Ceux qui ne font pas partie du « Club des bricoleurs aux deux mains gauches » installeront des crémaillères au-dessus du portant, de quoi poser autant d'étagères que nécessaire.

Tiroirs comme sur des roulettes

Glissés sous les lits, ils offrent une capacité de rangement supplémentaire bienvenue. On en trouve dans le commerce, mais si vous avez une commode candidate à la déchetterie, gardez les tiroirs et vissez 1 roulette sous chaque coin.

Les vêtements

Chemises et chemisiers

Antiglisse

Quand vous empilez chemises et chemisiers bien repassés et pliés dans l'armoire, placez-les tête-bêche, ils formeront ainsi une belle pile bien droite et ne dégoulineront pas de l'étagère au moindre mouvement.

Cols pulpeux

Aussitôt repassées ou sorties du sèche-linge, les chemises sont suspendues sur des cintres ou pliées et empilées. Dans les deux cas, au moment de les enfiler le col est tout raplapla. En rangeant les chemises et chemisiers, glissez sous les cols des boudins de mouchoirs en papier roulés : ils ne pendront plus lamentablement.

Faux plis bannis

C'est une lapalissade, mais ça va mieux en le disant : chassez le faux pli en rangeant les chemises/chemisiers les plus lourds en dessous et ceux plus légers au-dessus.

Cintres

Le bon choix

Les cintres en métal sont légers et bon marché (parfois même gratuits), mais ils ont tendance à déformer les vêtements et ne sont pas très résistants au poids. Préférez les cintres en bois ou en plastique, plus confort. Et avec le cintre à pinces, fini les jupes et pantalons en accordéon au fond de la penderie !

Le bon sens

Quand vous suspendez vos cintres, faites pointer leurs crochets d'attache vers le fond de la penderie : cela évite que les cintres s'emmêlent et vous permet d'en retirer plusieurs à la fois. Une fois le cintre débarrassé de son vêtement, hop ! raccrochez-le au début de la tringle : au moment de re-suspendre le vêtement vous êtes dispensé de fouilles archéologiques pour le retrouver.

Les bons plans

Les pros du rangement mettent à notre service des cintres « gain de place » supermalins, comme ce modèle qui permet de suspendre 5 chemises verticalement. Ou cet autre qui accepte 6 pantalons ! Cravates et ceintures ne sont pas oubliées et ont aussi leurs modèles gigognes.

Le bon réflexe

Les petites robes en fibres synthétiques ont révolutionné nos emplois du temps : sitôt lavées, sitôt enfilées. Mais quand l'électricité statique s'en mêle, on regrette nos cotons fluides. Pour ne plus avoir cette impression d'être sous vide, tant le tissu s'immisce dans les moindres creux et bosses, ni les cheveux plaqués en dessous et dressés au-dessus, saisissez un cintre en fil de fer et, avant d'enfiler le vêtement, passez le cintre à l'intérieur de haut en bas et de gauche à droite.

Cravates bien conservées

La cravate est en voie de disparition, mais certains conservent encore de beaux élevages dans leur penderie. Si Chaton fait partie de ceux-là, il appréciera de les avoir à portée de main et d'œil. Fixez une petite tringle (genre à rideaux) avec de la colle sur la face intérieure d'une porte de la penderie de Chaton, équipez la tringle d'un morceau de mousse, puis disposez les cravates dessus.

Été/hiver

Au chaud

C'est l'hiver, gardez vos vêtements d'été au chaud ! Non seulement vous gagnerez de la place pour vos gros pulls, mais quelle fête quand vous ressortirez vos petits débardeurs tout frais de leur hivernage... Facile à dire, mais quand la place manque ? Procurez-vous des housses en plastique – le top, c'est celles qui conservent les vêtements sous vide avec l'aide de l'aspirateur –, lavez les tenues d'été (inutile de repasser, il faudrait le refaire pour les porter) et glissez-les dedans accompagnées d'un tissu imbibé de quelques gouttes d'huile essentielle de lavande pour décourager mites et odeurs de renfermé.

Technique de l'oignon

Vous, votre technique c'est celle dite « de l'oignon » : en hiver, vous vous habillez comme en été, mais vous rajoutez des couches plus chaudes au-dessus et en dessous. Le tri de saison n'est pas pour vous, il vous faut tout à portée de main tout le temps. La double tringle pourrait bien vous séduire… Le principe est simple, il faut fixer une deuxième tringle à 20 cm de celle déjà posée, mais plus basse, de façon à voir le haut des vêtements qui seront pendus à la première. Attention, vous devrez choisir des cintres avec « tête tournante » (l'attache de suspension du cintre n'est pas fixe et peut pivoter, pour que la double couche de vêtements puisse cohabiter). Ainsi, vous suspendez les vêtements d'été au fond et ceux plus chauds devant.

Housses « poubelle la vie »

Votre manteau de printemps vieux rose ne fanera pas si vous l'abritez de la poussière pendant l'hiver. Pas de housse ? Percez un trou au fond d'un sac-poubelle de 100 l puis faites-y passer le crochet du cintre.

Jupes bien roulées

La penderie est au bord de l'explosion, tandis que vos tiroirs de commode sont vides ? Roulez vos jupes une par une sans serrer, enfilez-les ensuite dans des jambes de collants (ou bas) usagés dont vous aurez coupé le pied, puis rangez-les dans les tiroirs côte à côte. Vous serez étonnée de voir comme ce système évite le froissage.

Antimites : la recette bio maison

Qui n'a pas sa recette pour évincer ces dévoreuses de doudous ? Savon d'Alep pour les uns, bois de cèdre pour les autres, naphtaline pour ceux qui ignorent qu'elle a été retirée de la vente car suspectée d'être toxique pour notre santé... et tout cela fonctionne très bien ! Nous avons une préférence pour les huiles essentielles.

Ingrédients :

- 5 ml d'huile essentielle de lavande
- 5 ml d'huile essentielle de cèdre
- 1 flacon en verre teinté d'au moins 10 ml
- 1 pierre poreuse (ou des copeaux de bois, ou un morceau de tissu)

Versez les huiles essentielles dans le flacon, secouez pour mélanger. Sur la pierre poreuse – à acheter sur les sites de matériel pour cosmétiques naturels, ou à ramasser au hasard d'une balade : le test

→

consiste à verser de l'eau sur la pierre ; si l'eau glisse, la pierre n'est pas poreuse, si l'eau pénètre, elle est parfaite pour s'imbiber de notre antimites – ou sur les copeaux ou le tissu, versez une vingtaine de gouttes du mélange d'huiles. Placez la pierre dans votre armoire, commode, penderie... Ce duo de choc lavande et cèdre se chargera de faire fuir les vilaines bestioles, mais n'oubliez pas de « recharger » la pierre en huiles essentielles toutes les trois semaines environ. Si vous avez opté pour le morceau de tissu diffuseur, il faudra remettre quelques gouttes du mélange plus souvent, tous les 15 jours.

Odeurs domptées

Chasser les mauvaises

Suspendue au portemanteau du restaurant toute la soirée, votre doudoune s'est gavée des odeurs ambiantes. Dans la penderie, c'est moins glamour… l'odeur d'adoucissant des vêtements propres prend des relents de parmesan. Voici une mission pour le couteau suisse de la ménagère : le bicarbonate de soude. Son truc à lui n'est pas de parfumer, mais d'absorber les odeurs ! Véritable aspirateur d'odeurs douteuses, il lui suffit d'être entreposé dans un endroit clos pour l'assainir. Remplissez une coupelle ou une tasse de bicarbonate, placez-la dans un recoin de la penderie ; à renouveler tous les mois.

Inviter les bonnes

Découpez un morceau de tissu rond de 25 cm de diamètre. Sur un disque de coton, versez 2 gouttes d'huile essentielle de lavande officinale (ou de lavandin) et placez-le au milieu du cercle de tissu. Fermez le tissu en remontant les bords (façon bourse) et en nouant un lien de votre choix : ruban, raphia, bolduc... Accrochez la bourse à l'attache d'un cintre.

Ne pas mélanger les torchons et les serviettes

Vous connaissez les séparateurs pour étagères ? En plastique blanc ou en métal chromé, il vous en faut ! Un peu à la façon des presse-livres, ils séparent les tee-shirts des pulls en les maintenant chacun chez soi. Et forcent Chaton à ne pas tout mettre en vrac...

Pulls au frais

Le printemps montre son nez ? C'est le moment de mettre les pulls chauds au repos. Chacun dans un sac à congélation équipé d'un zip, ils seront à l'abri de la poussière. À l'automne, les robettes fleuries viendront remplacer les pulls dans les sacs pour passer l'hiver à l'abri.

Tringles de compétition

Antidérapante

C'est la surpopulation dans votre penderie, les cintres se chevauchent et s'emmêlent sur la tringle en bois. Les vêtements sont pressés, tordus, étouffés. Avec une lime ronde, faites des petites encoches dans le bois tous les 2 cm, histoire de mettre un peu d'ordre là-dedans.

Coopérative

Vous, c'est le contraire : vous aimeriez que les cintres glissent sur la tringle, pour sélectionner facilement votre tenue sans avoir à rentrer dans la penderie pour ramener les cintres un à un. Frottez un morceau de savon de Marseille tout le long du bois de la tringle, les cintres glisseront bien mieux.

Éclairante

Fini, les fouilles archéologiques au fin fond de la penderie, dans l'obscurité ! Les pros du rangement proposent des barres de penderie éclairées de l'intérieur. Le top ? Un modèle avec détecteur de présence : vous ouvrez la porte de la penderie, et la lumière se fait ! Et cela sans source électrique, des ampoules Led alimentées par piles fournissent la lumière. Mais a-t-on envie pour autant de dépenser plus de 40 € pour une tringle de penderie… ? Une guirlande de Noël à Led de 2 m se trouve à moins de 8 € : quelques points de colle (ou du ruban adhésif) bien placés sous la tringle viendront la fixer. Après ça, impossible de faire l'autruche, vous voyez quand il faut mettre de l'ordre dans la penderie pour conserver longtemps vos vêtements.

Les chaussures

Bac avec mention

Les chaussures et les vêtements propres dans la même penderie… la cohabitation est sans doute pratique, mais pas super-hygiénique. Il existe des bacs en plastique extra-plats (avec couvercle transparent !) qui semblent avoir été créés pour cet usage : on y stocke une belle quantité de chaussures, on y glisse une branche d'eucalyptus pour changer d'air, on ferme le couvercle et on enfile le tout sous un lit, ni vu ni sentu !

Boîtes à malices

C'est prouvé : nos chaussures nous accompagneront bien plus longtemps et en bonne santé si nous prenons soin de les ranger dans des boîtes. Faisons cet effort, mais pas de masochisme : choisir des boîtes transparentes nous évitera de devoir les ouvrir une à une pour trouver le modèle convoité. Ou alors laissons parler notre créativité en dessinant le modèle… Non ? On va coller une photo, plutôt.

Chaussettes antiodeurs

Quand on aime on ne compte pas, et nous, quand on aime une paire de chaussures, on a tendance à ne plus porter que celles-là… Et qui nous en empêcherait ? Les odeurs, peut-être. Car même si on n'est pas d'un naturel à transpirer, les bactéries ont vite fait de s'installer et ce sont elles qui

sont à l'origine des odeurs discutables. L'astuce livrée ici va chasser les champignons microscopiques et détruire les bactéries pendant que vous dormez sur vos deux oreilles. Remplissez une cuillère à soupe de bicarbonate et versez dessus 5 gouttes d'huile essentielle de lavande. Versez ensuite dans une chaussette (propre !) ; faites la même chose avec une deuxième chaussette. Le soir, après vous être déchaussé, placez les chaussettes désodorisantes dans vos chaussures pour la nuit. Pour conserver longtemps vos chaussettes antiodeurs, remplacez le mélange bicarbonate + huile essentielle de temps en temps.

De l'air !

Généralement, quand vous rentrez à la maison, vous vous déchaussez et (dans le meilleur des cas) rangez vos chaussures à leur place, direct, pour qu'elles ne traînent pas. Voici un petit réflexe à apprivoiser absolument pour profiter longtemps de ses chaussures. Avant de les ranger, faites-leur prendre l'air une vingtaine de minutes : balcon, rebord de fenêtre, poignée de fenêtre... juste un peu d'air. Et si vous avez tendance à beaucoup transpirer des pieds, saupoudrez l'équivalent d'une cuillère à soupe de bicarbonate par chaussure avant de les ranger.

Étagères sur mesures

Avis aux bricoleurs du dimanche : fixez des montants tout simples pouvant recevoir des étagères de 24 cm de profondeur pour Madame (qui chausse du 38) et espacées de 10 cm (chaussures basses) à 15 cm (et plus) pour les boots. Emballé(e) par ce rangement pour chaussures pratique et dissimulable derrière une porte, vous décidez d'en fixer un pour Monsieur : les étagères seront un peu plus larges, selon la taille de ses chaussures. 28 cm de profondeur s'il chausse du 44. Pas de jaloux, Boubou aura aussi ses rangements sur mesure : 15 cm de profondeur de planches s'il chausse du 24. Rangez ensuite les chaussures selon la fréquence d'usage : les « courantes » à portée de main, les chaussures plus « exceptionnelles » en hauteur.

Halte aux bottes molles

Généralement, on les range pliées, voire la jambe enroulée autour du pied de la botte, pour gagner de la place. Résultat : des plis se forment (qui, à la longue, blessent les chevilles et irrite la peau) et nos belles bottes finissent en accordéon. Solution express : roulez un magazine et enfilez-le dans la jambe de la botte (comme un embauchoir, l'ustensile dédié à cet usage), il maintiendra le tout bien droit sans pli. Solution maligne et pérenne : fixez une tringle dans le bas de votre penderie et suspendez-y vos bottes et boots accrochées à des cintres à pinces pour jupes.

On ne sépare pas une équipe qui gagne

Les étagères à chaussures sont moins pratiques que ces range-chaussures où on enfile les chaussures sur des montants individuels : il y est plus facile de retrouver la paire. Pour en finir avec les chaussures orphelines sur les étagères, fixez une pince à linge pour appairer vos escarpins, ballerines, baskets, etc., vous gagnerez un temps fou. Mais prenez garde à ce qu'elles ne marquent pas les cuirs délicats.

Panier de baskets

Apprendre en s'amusant, c'est ce que promet cette astuce. Dans une chambre d'enfant (petit ou grand…), fixez un panier de basket, puis faites un nœud au filet : voilà un rangement pour les chaussures original et amusant. C'est tout de même plus rigolo de mettre un panier

avec ses chaussures que de les ranger dans un placard. Bienfait collatéral, Boubou apprend à se déchausser en entrant dans sa chambre et à réunir ses chaussures au même endroit, sans qu'elles soient perdues ou maltraitées.

Tourniquet pour *fashion victim*

Il y avait les présentoirs sur pied pour collectionneurs de cartes postales ; aujourd'hui, les *fashion victims* ont leur présentoir à chaussures. Appelé aussi tourniquet, il se compose d'une tige en métal, qui va du sol au plafond, à laquelle se greffent des petits plateaux équipés d'un système très pratique pour enfiler les chaussures dessus. L'objet n'est pas une œuvre d'art, loin de là, mais il fait pâmer les fashionistas : toutes les chaussures sont exposées aux regards !

Les ceintures

Pendues haut et court

La position idéale pour garder la forme, c'est verticale : suspendues par la boucle, les ceintures pendent sans déformation. Collez un accroche-torchons équipé de plusieurs crochets sur la face interne d'une porte de penderie : vous choisissez d'un coup d'œil celle qui va bien et savez toujours où les trouver (et où les ranger).

Toutes en boîte !

Les portes de penderie sont toutes occupées par les foulards et les cravates de Chaton ? Opération récup', stockez vos ceintures dans des boîtes à café avec couvercle transparent. À l'abri de la poussière et des faux plis, elles restent visibles à travers le couvercle.

Les sacs et les gants

Gants inséparables (j'en pince pour mes gants)

Vous connaissez ces petites pinces surmontées d'une boucle en plastique très utiles pour accrocher les torchons ? Elles s'appellent des pinces caïman, probablement à cause de la pince qui ressemble à une mini-mâchoire de crocodile, et s'achètent généralement par lot de 6 dans les grandes surfaces et bazars au rayon accessoires de cuisine. Elles vont révolutionner votre gestion des gants ! Fini la chasse au deuxième gant, tandis qu'il fait -10 °C ! Avant de les mettre en vrac dans le tiroir, accrochez-les par paire avec une pince caïman. Mieux, profitez de la boucle de la pince pour suspendre tous vos gants au même endroit, par exemple sur une petite tringle. Attention : les gants en laine, polaire et en tissu résistants ne craignent pas les morsures de crocodile, les gants en cuir, daim… si !

Sacs au repos

L'humidité est l'ennemie jurée des sacs à main que l'on n'utilise pas souvent, ou pas à cette saison. Donc trouvez-leur un endroit sec et ne les emballez pas dans des sacs en plastique. Des boîtes, ou du simple papier journal, les protégeront de la décoloration et de la moisissure. Avant de les mettre à l'abri, bourrez vos sacs de boules de papier, d'essuie-tout ou de chiffons : au moment de les utiliser, ils auront gardé leur forme et ne seront pas recroquevillés.

Les sous-vêtements

Distributeur de lingerie

Il s'accroche en haut d'une porte et est composé de multiples niches, prévues à l'origine pour ranger les chaussures. Détourné, il est parfait pour accueillir les sous-vêtements, collants, chaussettes, body, etc. En un coup d'œil, vous trouvez celui qu'il vous faut.

Kit de démarrage

Dans une pochette en plastique transparent avec zip (type sac de congélation) mettez un ensemble slip/soutien-gorge assortis et un collant. Le matin, zéro perte de temps, votre kit vous attend, prêt à l'emploi. Un conseil, préparez vos sachets pour la semaine.

Sac de ballerine

Parfois, les chaussures neuves sont emballées dans un sac en tissu, tout simple, avec un cordon. C'est le conditionnement rêvé pour conserver longtemps les jolies pièces de lingerie. Et si vous remplacez le cordon par un lien en dentelles, vous n'aurez pas besoin de l'ouvrir pour en vérifier le contenu.

Tout caser

Le tiroir de commode dédié à la lingerie, avec de belles piles d'ensembles assortis, des collants triés par couleurs bien pliés… ça n'existe pas ! Ou alors, 48 heures au mieux. Passé ce délai, le tiroir se transforme en champ de mines après explosion. Endiguer le séisme est possible, en créant des cases à l'intérieur du tiroir. Cela existe dans le commerce tout prêt, mais peut être fait maison. Prenez les mesures intérieures du tiroir : profondeur, longueur et hauteur. Dans du carton solide, découpez 3 bandes de la largeur du tiroir et 3 bandes de la longueur (et toutes de la hauteur du tiroir pour que le carton ne gêne pas la fermeture). Placez les bandes dans la largeur, marquez au crayon les endroits où vous allez placer les bandes dans la longueur, c'est-à-dire là où les bandes vont s'imbriquer. Coupez des encoches sur les marques au crayon. Découpez des encoches aussi sur les bandes qui vont occuper la longueur du tiroir. Emboîtez les bandes pour obtenir des cases. L'espace est mieux organisé et permet de circonscrire les débordements.

Table des matières

Sommaire 5

Introduction 7

CHAPITRE 1

Trier (donner, jeter, vendre, troquer, recycler… de l'air !) 11

Le crash-test 12

Direction poubelle 14

À jeter sans état d'âme : 15

Troc : le shopping gratuit (ou presque) 15

Comment ça marche ? 16

Quelques adresses où troquer malin ... 16
Troc party : les derniers salons où l'on troque ... 17
Vente : les bonnes adresses ... 18
Le vide-greniers ... 18
Le dépôt-vente ... 22
La vente sur Internet ... 24
Don : où ? Quand ? Quoi et à qui ? ... 29
Déposer dans des conteneurs ... 30
Donner en direct à des particuliers ... 31
Donner à des associations ... 32
Recyclage : donnez-leur une seconde chance ... 33
Les pros de la récup ... 33
Des solutions maison ... 34
En sursis ... 41

CHAPITRE 2
SOS médecin (recoudre, suturer, réparer...) ... 43

Quiz couture : êtes-vous pointu ou émoussé ? ... 44

Réponses 46
Votre score 47

Le matériel 48
Aiguille 48
Bandes thermocollantes 49
Boîtes à couture 50
Ciseaux (af)fûtés 51
Colle magique 51
Enfile-aiguille mécanique 52
Fil 52

Réparer de A à Z 53
Accroc 53
Bouloches (cheveux et autres poils d'animaux) : on rase gratis 55
Bouton à recoudre sur tissu épais 56
Bouton baladeur 57
Bouton-pression 58
Bouton sans pression 58
Bouton rond de cuir 59
Boutonnière : la juste taille 59
Cordon évadé 60
Couper droit 60
Élastique à remplacer 61

Élastique à rallonger 62
Gant troué 63
Genoux renforcés 63
Ourlets malins 64
Zip (fermeture Éclair) 67

CHAPITRE 3
Choyer (détacher, laver, sécher, repasser, rafraîchir) 69

Les produits amis 70
Acétone 71
Alcool à 90° 72
Alcool à brûler 72
Bicarbonate de soude 73
Citron 73
Eau de Javel 73
Eau oxygénée 74
Huile d'olive 75
Lait 75
Mie de pain fraîche 76
Savon de Marseille 76
Terre de Sommières 77
Vinaigre blanc 77

Les secrets d'entretien 78
Acétate 78
Acrylique 79
Adoucissant pulls 80
Alpaga 80
Amidon 81
Astrakan vivifié 82
Auréole 82
Baskets 83
Blanc virginal 84
Bottes en caoutchouc attendries 85
Boucles d'or 85
Bouton en nacre cristallin 86
Cachemire 86
Ceinture en cuir revitaminée 87
Chapeaux 88
Chaussettes blanchissimes 89
Chaussette orpheline 89
Chaussures en cuir 90
Chaussures d'enfants sous protection 93
Chaussures en toile 94
Chaussures en daim fatiguées 95
Chaussures mouillées 96

Chaussures neuves 97
Chaussures raides 98
Chemises 98
Chewing-gum collé 99
Cirage introuvable 100
Cirage sec 100
Col blanc 100
Col en daim à croquer 101
Collants 102
Coton 103
Couleurs boostées 104
Cravate bien portante 105
Daim ranimé 106
Déteindra ou déteindra pas : le test 107
Espadrilles pied léger 108
Fourrure tachée 108
Gants en cuir 109
Jupe en cuir douce comme un agneau 112
Jeans toniques 113
Lacets ébouriffés 113
Lainages noirs pâlots 114
Laine 115
Lingette perso 118

Linge sale prélavé 119
Lingerie fine en salade 119
Lingerie immaculée 120
Marques de pinces à linge 120
Noir c'est noir 121
Nylon, synthétique, électriques 122
Odeurs dénichées 122
Paniers persos 123
Polyester 123
Pulls éternels 124
Rayonne 128
Reconnaître un tissu : l'épreuve du feu 129
Redonner leur forme aux lainages 130
Repassage 130
Sacs à main longue vie 135
Satin 137
Séchage 137
Soie 139
Soutiens-gorge : protection rapprochée 141
Élasthanne (alias Spandex) 144
Taches : le best of 144
Tissu lustré 157
Tissu noir… foncé 157

Velcro mignon 158
Vêtement élimé 158

CHAPITRE 4
Organiser (mon dressing toujours impec)

(mon dressing toujours impec) 159

L'espace 160
Filet à bagages 160
Mur de cubes 160
Petite surface 162
Renfoncement mural 162
Tiroirs comme sur des roulettes 163

Les vêtements 163
Chemises et chemisiers 163
Cintres 164
Cravates bien conservées 166
Été/hiver 166
Housses « poubelle la vie » 167
Jupes bien roulées 168
Odeurs domptées 169
Ne pas mélanger les torchons et les serviettes 170
Pulls au frais 170

Tringles de compétition ... 171

Les chaussures ... 172

Bac avec mention ... 172

Boîtes à malices ... 173

Chaussettes antiodeurs ... 173

Étagères sur mesures ... 175

Halte aux bottes molles ... 175

On ne sépare pas une équipe qui gagne ... 176

Panier de baskets ... 176

Tourniquet pour *fashion victim* ... 177

Les ceintures ... 178

Pendues haut et court ... 178

Toutes en boîte ! ... 178

Les sacs et les gants ... 179

Gants inséparables (j'en pince pour mes gants) ... 179

Sacs au repos ... 179

Les sous-vêtements ... 180

Distributeur de lingerie ... 180

Kit de démarrage ... 180

Sac de ballerine ... 181

Tout caser ... 181

conception
réalisation
mise en page
pca
44405 Rezé cedex

Achevé d'imprimer par
Black Print CPI Ibérica S.L.
Sant Andreu de la Barca (08740)
Dépôt légal : juin 2013